도서출판 대장간은
쇠를 달구어 연장을 만들듯이
생각을 다듬어 기독교 가치관을
바르게 세우는 곳입니다.

대장간이란 이름에는
사라져가는 복음의 능력을 되살리고,
낡은 것을 새롭게 풀무질하며, 잘못된 것을
바로 세우겠다는 의지가 담겨져 있습니다.

도서출판 대장간은
새로운 사회, 즉 예수사회(교회)를 건설하려는
꿈을 가진 도구로서 예수 사회를 구성하는
공동체의 한 지체입니다.

www.daejanggan.org

Original published in France under the title ; *Le Livre de Jonas*
Published by Cahiers Bibliques de Foi et Vie, 1974, Paris

요나의 심판과 구원

지은이 자끄 엘륄 Jacques Ellul
옮긴이 신기호
초판발행 2010년 9월 28일
초판2쇄 2019년 3월 6일

펴낸이 배용하
책임편집 배용하
등록 제364-2008-000013호
펴낸 곳 도서출판 대장간
www.daejanggan.org
등록한 곳 충청남도 논산시 가야곡면 매죽헌로1176번길 8-54
편집부 전화 (041) 742-1424
영업부 전화 (041) 742-1424 전송 0303-0959-1424

ISBN 978-89-7071-193-5 03230

값 10,000원

요나의 심판과 구원

자끄 엘륄 지음

신 기 호 옮김

Le Livre de Jonas

Jacques Ellul

세부목차_세부목차는 독자들을 위해 추가한 것임

요나의
심판과 구원

차례,

역자서문

물고기 뱃속에서 삼 일 만에 나온 요나 이야기는 성경에서 특별히 흥미로운 책이다. 어린아이들도 관심을 보일만한 기이하고 재미있는 사건들이 연속적으로 등장하기 때문이다. 그런데 요나서를 깊이 있게 읽는 것은 그리 간단치 않다. 기록된 사건들 자체는 단순하지만, 그 안에서 제기되는 문제들은 답하기가 전혀 쉽지 않으며, 이에 대한 다양한 주장과 이론들이 공존하기 때문이다. 크게 보면, 사건들의 역사적 실재성을 의심하고 단지 거기에서 도출된 윤리적 교훈만을 의미 있는 것으로 보는 자유주의적 관점이, 요나서의 모든 부분을 역사적인 사실들에 대한 기록으로 간주하는 보수주의적 관점과 날카롭게 대립한다고 할 수 있다.

이처럼 말하자면 일종의 암묵적인 양자택일을 강요받는 우리에게, 엘륄은 제3의 길을 제시한다. 그는 선지서의 본질에 집중하라고 말한다. 요나가 선지자인 것은, 그가 기이한 사건들을 경험했기 때문이 아니라 하나님이 그에게 말씀하신 사실 자체 때문이란 것이다.

엘륄은 또한 요나 이야기가 담는 메시지가 본질적으로 예언적이라고 말한다. 하나님의 명령을 거부하고 도망하다가 바다 속에 버려지고 물고기에 의해 삼켜진 것은 하나님의 심판을 의미한다. 물고기 뱃속에서 그가 기도한 것과 거기에서부터 다시 육지로 나온 것은 하나님의 구원과 하나님과의 깨어진 관계의 회복을 뜻하는 것이다. 똑같은 심판과 구원이라는 메시지는 니느웨인들을 통해 집단적으로 반복된다. 이 모든 이야기가 가리키는 것은 결국 예수 그리스도이다. 즉 십자가에서 독생자를 죽게 하신 하나님의 심판과 그분을 죽은 자 가운데서 다시 살리신 구원의 사건이 요나서가 궁극적으로 말하고자 한 것이다. 엘륄은 요나서가 철저하게 그리스도에 대한 예언이며 그래서 선지서라는 사실을 시종일관 강조한다. 예수 그리스도가 요나서를 해석하는 키워드이다.

엘륄이 아울러 강조하는 바는 요나서가 우리를 위한 예언이라는 것이다. 하나님의 백성을 대표하는 요나의 이야기가 결국 이스라엘의 이야기이고, 더 나아가 진정한 의미에서의 이스라엘인 교회의 이야기가 되기 때문이다.

특별히 요나의 선민의식과 배타성과 편협성은 오늘날 이 땅의 그리스도인들의 문제이기도 하다. 하나님의 은혜로 말미암아 마땅히 받아야 할 심판에서 구원받고 나서도 여전히 세상에 대해 무책임하고 이기적이면서도 독선에 사로잡혀 있는 요나에게서 한국교회의 자화상을 볼 수 있다.

요나서는 열린 결말로 끝을 맺는다. 그것은 우리의 끝없는 반항과 불순종에도 변함없이 호의를 베푸시는 하나님의 선하심이 결말을 완성하도록 여백을 남겨놓은 것일 것이다. 본서를 통해 그러한 하나님의 은혜를 더 깊이 묵상하시고 생생히 경험하시기를 바란다.

신 기 호

서론

비현실적인 이야기

이 짧은 요나의 이야기를 심각하지 않게 받아들이기 쉽다. 사람은 이 이야기가 인기 있는 성서 비평 대상 중 하나고, 볼테르Voltaire가 이 책의 비현실성을 조롱하는 절호의 기회를 잡았다는 것을 기억한다. 사람들이 최소한 이 본문 안에 수록된 몇몇 사실들의 현실성을 염려하는 것은 자연스러운 일이다.

우리가 물고기에 대한 이야기를 의심 없이 받아들이기 어렵다. 물고기의 이름을 가진 배, 요나서의 부분적인 오류 등과 같은 가장 기상천외한 설명들까지도 모두 주어졌지만, 원래의 사실 자체는 여전히 설명할 수 없다. 사실 이것이 믿음에 이르는 장애물은 아니다. 왜냐하면, 언제나 기적을 바라기 때문이다. 그렇지만, 엘리야의 기적 같은 보기 드문 몇 가지를 제외하고 성서는 우리에게 십중팔구 근거 없는 이러한 행위들에 대해 신중하라고 권한다. 이 기적이 예수에 의해 성취된 기적들과 완전히 다른 성질이라는 것과 그것이 성인전집성인들의 사도행전, Acta Sanctorum의 수상쩍은 기적들을 많이 상기시킨다는 것은 분명하다. 물론 하나님에게 불가능한 것은 없다. 그러나 만일 우리가 이 이야기를 기적의 관점에서 받아들인다면, 이 이야기를 물리적인 기적 이야기로서가 아니라 영적인 진기한 경험 이야기로 대할 때에 비해, 우리가 이로부터 얻는 교훈의 깊이가 훨씬 덜하며, 그 진정성도 훨씬 덜할 것이다.

한편, 니느웨와 관련된 세부적인 것들도 확실히 부정확하다. 예를 들면, 니느웨는 삼일 길에 갈 수 있는 도시가 결코 아니었다. 이것은 물론 거대한 도시이지만, 이 이야기의 기록자는 자신이 말하는 바를 확실히 알지 못했다. 그리고 니느웨의 회심은 도시의 역사 어디에도 기록되지 않았다. 만일 그와 같은 도시가 회심을 했다면,(우리의 성서 본문에 따라 일시적이거나 가장한 회심이 아니라 진정한 회심이었다는 것을 믿어야 한다) 역사는 전설들이나 조각상들의 형태로그 흔적을 보존했을 것이다.

다른 많은 비개연성들이 여전히 남아있다. 그러나 무엇보다 강조할 필요가 있는 것은, 이야기의 첫 번째 부분과 다른 전설들과의 유사성이다. 우리는 핀란드에서 캐나다 혹은 거의 어디에서든, 하나님의 보내심을 받고, 거대한 물고기에 의해 삼켜지고, 하나님의 주권적인 행위에 의해 다시 내뱉어지는 영웅의 전설을 발견하게 된다. 모든 인류의 공동 자산인 태양 신화나 아니면 한날 전설과 비교해도 요나 이야기가 더 좋아 보이지 않는다.

요나 이야기는 BC 400년과 190년 사이, 즉 니느웨의 멸망보다 훨씬 나중에 쓰인 저술이다. 그런데 만일 이 이야기가 정말로 아밋대의 아들 요나와 관련된 것이라면, 그것은 요나의 삶보다 사오백 년이나 후대의 것이 된다.

전통적인 답변들

반대들–사실 이것들은 가장 온건한 반대이지만–에 직면한, 전통적인 입장이 두 가지가 있다. 첫 번째는, 신실하지 않은 비평들에 귀를 막고 "부조리하기에 믿는다" credo quia absurdum는 방식을 답습하는 자유주의 입장이다.[1] 이러한 '신앙 행위'가 내게는 별로 유효해 보이지 않는다. 왜냐하면, 이 입장은 예수 그리스도에 대한 믿음이 아니라 기록에 대한 믿음에 중요성을 두기 때문이다. 요나서가 사실적으로 정확하며 실제로 그와 같이 전개된 사실들에 대한 역사적 서술이라는 점을 강력하게 그리고 모든 이성에 반하여 주장하는 것이, 내게는 특별히 기독교적인 태도로 보이지 않는다. 왜냐하면, 그러한 태도는 이 책을 그 자체로는 큰 의미가 없는 사실들에 묶어놓기 위해서, 앞으로 우리가 보게 되겠지만, 결국 이 책의 진정한 실재인 그리스도를 제거하도록 유도하기 때문이다.

두 번째 입장은 일반적으로 역사가들에 의해 채택된다. 이 책은 전반적으로 "하가다"[2]의 문학적 흐름과 연결된다. 이러한 관점에서 요나서는 유대 백성에게 특정한 개념들을 가르치기 위한 목적의 도덕적, 종교적 성격의 이야기이다. 그것은 아마도 원시적 신화에 기초한 순수한 창작물로서, "이교도 민족들에 대한 하나님의 오랜 참으심 때문에 격분한 특정 유대인들의 편협한 배타주의particularism에 맞서도록 의도된, 영적이고 관대한 풍자"이다. 단순한 전설보다 더 급진적인 이러한 해석은 커다란 장애물에 부딪힌다. 요나가 정경 내에 존재한다는 사실

---

1) 역주: 이 점에서 엘륄은 보수주의 신학과는 상반된 용어를 사용한다. 후자에 의하면 이것은 보수주의다

2) 역주: 유월절에 대한 유대교 문헌. 3세기 이후에 출현

이다. 만일 3세기 유대 땅에서 회자될 수 있었던 무수한 경건한 이야기들처럼 요나가 정말로 단순한 이야기에 불과하다면, 어떻게 정경에 포함되었는지 이해하기 어렵다. 유대인들은 어떤 책을 계시로 간주하는 데 있어서 상당히 까다롭고 꼼꼼한 사람들이기 때문이다. 그리고 더 나아가 만일 이 책이 특수주의에 대한 풍자에 불과하다면, 이러한 전체 입장의 비개연성비현실성은 충돌하고 말 것이다. 우리는 이 본문이 훨씬 멀리 나아간다는 것을 확실히 알려면, 랍비 주석의 진지함과 심오함을 상기하는 것으로 충분하다.

요나서의 이야기가 단순한 비유나 우화로도, 그 내용이 단순히 도덕적이고 교훈적인 것으로도 보이지 않는다. 유대인들은 이러한 장르의 이야기들을 많이 가지고 있었지만, 그것들을 결코 정경으로 간주하지 않았다.

다른 한편으로는 유대인들이 요나서를 정경으로 받아들이면서도, 실제 역사의 잣대를 들이대지 않았다. 그들은 이 책을 역사서들이 아니라 예언서prophetic들 사이에 배치했다. 그들은 요나서에서 그들의 선지자 중 한 사람에 대한 정보가 아니라 유난히 심오하고 복잡한 가르침을 찾으려고 했다.

우리는 도덕적 사상들이 아니라 사람의 하나님에 대한 관계와 사람을 향한 하나님의 행위에 대한 가르침을 품어야 한다. 말하자면, 요나서는 아주 진실한 계시에 있다.

요나라는 이름

이 이야기가 무엇으로 구성돼 있는지 이해하기 위해서 두 가지 사실을 고려해야 한다. 첫 번째는 이 이야기가 그 자체로는 실제 역사가 아니어도 하나의 역사적 기초가 있다는 것이다. 이 역사적 기초는 요나의 이름이다. 아밋대의 아들, 선지자 요나는 여로보암 2세와 관련하여 실제로 우리에게 인용된다.왕하14:25 그 왕은 여호와 앞에서 악을 행했다. 그렇지만, 그 왕은 자신이 죄를 범했음에도 이스라엘의 위대함과 구원을 확보하게 하는 한 선지자를 곁에 두었다. 이 선지자가 아밋대의 아들이며, 가드헤벨 출신인 요나였다. 이 도시에 대해서는 알려진 바가 없다. 따라서 이것은 BC 750년경에 해당하며 당시 니느웨와 이스라엘 사이의 관계는 빈번했다.

그런데 왜 이러한 가상의 이야기가 역사적 인물과 결합하게 됐을까? 두 가지 대답이 가능하다. 첫째로 그 이야기가 실제 사실의 핵심을 포함할 수 있다는 것이다. 즉 요나가 실제로 니느웨에 보냄을 받았고 이것을 중심으로 나머지 모든 것이 꾸며졌을 수 있다.

그러나 무엇보다 요나의 이름을 결코 잊어서는 안 된다. 그것은 비둘기를 의미한다. 바로 그 비둘기가 홍수 때 노아의 방주로부터 보냄을 받고, 하나님의 진노가 끝난 것을 나타내는 올리브 나뭇가지를 가지고 왔다. 그 비둘기는 형벌이 끝나고 언약과 은혜의 시대가 시작된다는 것을 말하고자 하나님이 보내신 사자使者이다.

요나는 자신의 이름 때문에 하나님이 보내신 충만한 은혜의 주인공이 되도록, 그것의 전달자, 세상의 유익을 위한 전달자로 선택되었다. 그뿐만 아니라 요나 자신이 이미 그 은혜의 혜택을 보기 시작했고, 그 때문에 용서를 받았다. 그렇다 하더라도 이 이야기의 정교한 구성이 누구를 위한 것인지에 대해서는 의심할 여지가 없다. 또한, 역사적 인물을 선택하는 것은 일반적 관례를 따른 것이다. 모세는 율법을 수여했고, 여호수아는 약속의 땅에 들어가게 했다. 이 사실로 인해 이러한 영적 실재들과 관련된 모든 이야기를(심지어 그 이야기들이 역사적 주인공으로서 모세와 여호수아를 포함하지 않는다 해도) 이 이름들 밑에 배치한다.

그리고 만일 요나가 이 이상한 은혜 이야기의 중심으로 선택되었다면, 그것은 열왕기의 짧은 지시문을 따른 것이다. 여로보암 2세의 악과 불의에도, "여호와께서 이스라엘의 이름을 도말하여 천하에 없이 하겠다고 아니하셨다." 그런데 이 은혜가 백성에게 베풀어진 것은 여로보암이 선지자 요나의 말을 들었기 때문이다.

비록 기록된 사실들이 전혀 사실이 아니라 해도, 그 이야기는 진실일 수 있다. 왜냐하면, 이야기의 목적이 요나의 역사를 만드는 것이 아니고 요나의 중보를 통해 성취하신 하나님의 놀라운 사역을 우리에게 진술하는 것이기 때문이다. 그 사역은 시간의 시작 때이거나 종말의 때이거나 같다. BC 750년과 요나서가 쓰인 순간에도 같으며 현재에도 역시 그렇다. 요나는 자신의 중보로 계시된 진실과 비교하면 덜 중요한 현실에 대하여는 단지 잠정적인 증인일 뿐이다.

특이한 예언서

우리가 고려해야 하는 두 번째 사실은 유대인들이 이 책을 예언서로 분류했다는 것이다. 그런데 이것이 유대인들이 이해하는 의미에서의 예언서는 분명히 아니다. 모든 예언서들은 매우 분명한 성격들을 우리에게 제시한다. 일반적으로 예언서는 선지자에 대해 이야기를 하지 않는다. 그러나 선지자는 구체적으로 살아있었던 사람이며 그의 예언과 그의 가르침은 언제나 매우 구체적이다.(이사야 마지막 부분을 제외하고) 그들은 확정적이고 명백히 위치하는 역사적 사실들과 관련된다. 선지자에 의해 전달되는 가르침과 명령들은 일반적인 성격을 가지지 않으며, 그것들은 명백하게, 직접적이고 적극적인 방식으로 전해진다. 관습적으로 선지자는 주어진 상황 속에서 하나님의 뜻을 명확하게 말한다. 마지막으로 예언적 메시지는 이스라엘 백성에게 전해진다. 오직 하나님의 백성이 하나님의 말씀을 들을 수 있는 것처럼 보인다.

요나서는 완전히 다르다. 먼저 그것은 선지자에게 일어난 이야기를 우리에게 말해준다. 이 점에서 요나서는 엘리야나 엘리사와 관련된 이야기들을 상기시킨다. 그러나 그 이야기들은 예언서가 아니라 역사서에서 발견된다. 요나의 이야기에서 중요한 것은 요나라는 사람의 인생과 그와 하나님 사이에 벌어진 논쟁이다. 예언서들에서 자주 주목받는 점은 하나님에 대한 선지자의 개인적 관계에 대해서는 의도적으로 침묵한다는 것이다. 그런데 우리가 여기서 마주하는 것은 무엇보다 선지자에게 전달된 하나님의 말씀이라기보다는, 자서전적 사실들(실제적인 자서전이라고 하기에는 개연성이 별로 없다)이다. 게다가 요나는 선지자의 자격을 부여받지도 않았다. 그가 어떤 사명을 담당하긴 하지만 그에게 그러한 자격이 부여되는 것을 우리가 볼 수 있는 것은 오직 열왕기의 본문에서이다. 이것도 또한 다른 예언서들과 비교할 대 예외적인 사실이다.

다른 측면에서 보더라도 이 이야기가 덜 이상한 것은 아니다. 무엇보다 하나님의 말씀이 역사적으로 위치하지 않는다. 하가다설을 주장하는 자들은 여기서 그들의 가장 강력한 논지를 갖는다. 이스라엘의 어떤 구체적인 시대와도 관련되지 않기 때문에 이것은 진정한 예언서가 아니며 일반적인 교훈을 주는 책으로 볼 수 있다. 여기서 요나는 그 백성의 삶과 관련되지 않는다. 그러나 역사적으로 그가 그러했다는 것을 우리는 안다.[3] 따라서 이 책은 진정한 예언서가 아니다.

마지막으로 요나서는 그 메시지가 이스라엘 백성에게 전해지지 않는다는 점에서 다른 예언서들과 구별된다. 요나가 사람들에게 전하도록 하나님으로부터 받은 것은 니느웨를 향한 말씀이다. 물론 두로와 시돈과 애굽을 향한 예언들이 분명히 존재한다. 그러나 그것들은 언제나 이스라엘 백성의 내부에서 말하여진 예언들이고 결국 그 백성을 위한 예언들이다. 그것은 두로와 시돈 등에 대한 말씀들이지만 정작 그 말씀을 받은 이는 택함 받은 백성이다. 그런데 여기에서 그 말씀은 니느웨에게 주어진 그리고 니느웨를 향한 말씀이며, 이스라엘과는 아무런 상관이 없다. 이점은 대단히 인상적이다. 왜냐하면, 모든 선지자는 이스라엘 백성과 밀접하게 연관돼 있고, 그들은 그 백성을 위해, 그 백성을 하나님께 다시 데려오고자 존재하기 때문이다. 선지자의 존재란 택함 받은 백성 없이는 상상할 수도 없다. 그러나 요나는 이 택함 받은 백성과 어떠한 관계도 없는 것처럼 보인다. 그 예언이 하나님이 요나에게 주신 말씀이 아니라 하나님이 그분의 백성에게 주시는 일종의 교훈과 경험이 될 요나의 진기한 경험들이라는 것을 우리가 받아들이지 않는다면, 그것은 이스라엘과 상관이 없는 것처럼 보인다. 그러나 이것도 요나서에 예언서적 특징을 부여하는 것은 아니다.

마지막 차이점은 이전의 것과 직접적으로 연결된다. 모든 선지자가 이스라엘 백성 가운데서 세워질 때 그들은 하나님과 그분의 백성 사이의 언약 위에 기초한다는 것이다. 선지자들이 자신의 논지의 절정을

---

3) 역주: 왕하14:25이하에서 요나는 여로보암2세 시대에 고통받는 이스라엘 백성의 삶과 관련하여 하나님의 말씀을 전한다

발견하는 것도 바로 거기에서이며, 거기에서부터 하나님의 말씀이 예언이 된다. 그런데 요나의 경우, 이스라엘 백성이 관련되지 않은 것처럼 그 언약도 관련되지 않는다. 하나님의 말씀이 전달되지만, 그것은 하나님이 자신을 어떤 백성에게 묶으시는 자유행위에 기초하지 않는다. 반대로 이 책은, 본성적으로 어떤 민족이나 특정한 지역과 관계를 맺고, 이 관계에 약속들을 동반하지 않는 아주 오래된 신神 관념을 다시 취한 것처럼 보인다.

그래서 형태와 장르의 관점에서 보자면 예언서로 지정하기에 합당한 것이 아무것도 없는 것처럼 보임에도, 유대인들이 요나서를 예언서의 범주로 인정한 이유가 무엇인가 하는 문제가 제기된다. 어떤 이들은 이 책의 내용 때문에 그렇게 결정되었다고 주장했다. 이 이야기 속에는 선지자들의 보편적 사상들과 연관성을 갖는 보편적 사상들이 들어 있다는 것이다.

전능하고 유일한 하나님, 즉 특정한 지역에 묶이지 않으신 우주의 하나님, 사람이 피할 수 없는 하나님. 위협하시는 하나님, 그러나 그분의 위협은 조건 없는 것이 아니며 사람들과 관계를 맺으시고 사람들의 회개를 받아들이시는 하나님. 더 나아가서 앞의 두 가지를 포괄하는 보편주의의 개념.

혹자는 그 이야기가 니느웨인들과 관련된 것은 저자가 이방 민족들에 몰두한 것을 나타낸다고 말한다. 하나님이 이방인들의 하나님이기도 하시며, 이것은 그들에 대한 심판과 그분의 권능에 관련해서만이 아니라, 또한 그들의 구원에 관련해서도 그러하다는 것을 저자는 증명하기 원한다는 것이다. 그 책의 첫 번째 부분은 자기 나라를 떠나서 다른 이들에게 구원을 선포하는 것을 원하지 않으며, 반대로 다른 민족들은 단지 심판을 받아 마땅하다고 생각하는 유대인들을 문제시하는 논쟁적인 내용을 다룬다. 또한, 그 두 번째 부분은 설교와 회개를 통하여 하나님의 용서를 세상에 선포하는 것을 목적으로 한다.

어떤 이들은 이 책의 연대에 대하여, 하나님이 하나님의 백성을 압제하는 민족들을 인내하시는 것에 대하여 유대인 신자들이 분개하던 시대에 이 책이 확실히 쓰였다고 주장한다. 이 유대인들은 포로 시대 예언들의 실현을 기대했었다. 예를 들어 학개와 스가랴는 이스라엘의 구원 조건으로서 바빌론의 멸망과 이방 제국들의 붕괴를 약속했다. 그런데 우리들의 이야기는 이러한 경향들에 반하여 전개된다. 요나서는 더욱 높은 영성의 메시지를 전면에 제시하며, 그 사상들은 예레미야와 이사야의 가장 고상한 설교들과 관련성을 갖는다. 이들의 주장을 따르면 바로 이러한 점에서 이 본문이 예언서의 범주에 들어간 이유를 알 수 있다는 것이다. 요나서는 선지자들의 사상의 흐름 속에 삽입되어, 대선지자들의 관점에서 이전의 예언들을 바로 잡았다는 것이다.

그러나 불행하게도 이 모든 이론은 현대적 관념들에 근거한 것이다. 예언주의le prophétisme는 어떤 사상들의 흐름이 아니다. 선지자들의 특정한 교리에 대하여 말하는 것은 마치 20세기의 어떤 지식인에 대하여 말하는 것과 같다. 선지자를 특징짓는 것은 그가 가진 사상들이 아니라 선지자가 전달하기 위한 목적으로 하나님의 말씀이 그에게 주어졌다는 사실 그 자체이다. 이 하나님 말씀의 내용은 경우에 따라서 또한 하나님의 결정에 따라서 모순적일 수도 있지만, 그렇다 하더라도 그것은 믿음을 위해 전혀 중요하지 않다. 그러나 역으로 어떤 말씀이 하나님의 말씀이 되려면 하나님의 계시와 완전히 같은 내용을 말하는 것으로는 충분하지 않다. 유대인들은 예언에 대하여 합리적인 사상이 아니라, 믿음을 따르는 사상을 가졌다. 예언으로 인정하기 위해서 그들에게 중요한 것은 이 말씀이 누구에로부터 왔는지를 아는 것이지 그것이 담는 내용을 아는 것이 아니다. 교리의 관점에서 본문을 정당화하려고 하는 것은, 본문에 대한 잘못된 관점일 뿐만 아니라 유대인들이 이러 저러한 방식으로 그 본문을 예언서로 받아들인 이유에 대해서도 완전히 잘못된 견해를 취하는 것이다. 그 본문은 우리에게 하나님에 대한 어떠한 사상들이나 교리들도 제시하지 않는다. 그것은 우리에게 사람과 하나님의 관계에 대한 이야기를 소개했고, 그 때문에 택함 받은 백성에 의해 예언적인 하나님 말씀의 자격이 부여됐다.

요나서가 예언서인 이유

그러나 그 질문은 온전히 남아 있다. 왜 이스라엘은 수많은 이유가 그러한 결정을 배제하고 있음에도 요나서를 예언으로 인정했을까? 만일 우리가 예언이라는 단어를 심각하게 대한다면, 이스라엘이 이 책을 예언서로 인정하기 위해 남아 있는 것은 최종적인 이유뿐이라는 것을 인정해야만 한다. 그것은 성령의 감동이다. 물론 우리가 성서의 영감을 인정한다 해도 그 자체로는 분명히 예외적인 발견일 수는 없다. 그러나 여기에서 특별한 것은 우리가 일종의 인간적인 이성을 통해 성서의 영감을 인정하도록 인도된다는 사실이다.

유대인들은 이 글이 다른 예언서들과 똑같은 특징을 나타내기 때문에 예언적인 것으로 인정한 것이 아니라 그들 자신은 이해할 수 없었고 오늘날 우리는 그 암호를 해독할 수 있는 신비한 이유 때문에 그렇게 했다. 그들은 여기서, 비록 그것이 결국에는 그들을 위한 기쁜 소식이 되긴 하지만, 정확히 그들 자신을 고발하는 증언을 하도록 인도되었다.

그리스도인으로서 우리는 보통 예수 그리스도와의 관계로 말미암아 예언서들을 예언서로 인정한다. 그러나 유대인들은 예언서들이 메시아를 예고한다는 점에서가 아니라 다른 이유, 즉 그것들이 택함 받은 백성에 대한 즉각적이고 지체없는 하나님의 심판을 담고 있고, 그것들이 하나님의 역사와 관계되며 그분의 백성을 위한 하나님의 할례 받은 말씀이라는 점에서 예언서로 인정한다. 그리고 이러한 사실로 말미암아 예언서는 상징적이지 않다. 선지자는 에스겔처럼 상징적인 행위들을할 수 있지만, 책 자체는 상징을 포함하지 않는다. 역사서들에서 일어나는 일들과는 달리, 예언서들에서는 예언이 이처럼 우회적인 방식으로 일하지 않는다. 그리고 이것이 우리의 본문과 다른 새로운 차이점이다.

마지막으로 위에서 언급된 예언서들의 두 가지 측면(이스라엘에 직접적으로 전달되는 하나님의 말씀과 그리스도에 대한 예고)은 서로 절대적으로 관련되는 것은 아니며 필연적으로 연결되는 것도 아니다. 달리 말하면, 예언서들은 예수 그리스도에 대한 예고의 범위 밖에서 그것들의 의미가 있다. 비록 그것들의 진정한 가치는 예수 그리스도와 예언의 성취에 있음에도 그것들 자신으로 충분할 수 있다. 텍스트의 가장 자연스러운 의미가 반드시 이 두 번째 의미(예수 그리스도에 대한 예언)로 인도하는 것은 아니며 후자가 전자를 반드시 변경하는 것도 아니다.

그러나 요나서의 경우 이것이 정확히 들어맞지 않는다. 만일 우리가 다른 모든 고려를 배제하고 그가 택함 받은 백성에게 말해야 하는 말씀을 찾는다면, 그것은 예언과 관련이 없고, 그것의 당대적 의미는 아주 미미하다는 것을 깨닫게 될 것이다. 만일 우리가 어떤 의미에서 요나가 선지자적인지 이해하길 원한다면 우리는 예수 그리스도에 의거해야만 한다. 그분을 떠나서 (알레고리적이지 않은) 이 상징들에서 어떤 예언적 의미를 찾기는 불가능하다. 단지 이 책의 해석에서 몹시 어려운 점은 그 상징들이 단 한 가지의 의미가 있지 않기 때문에, 그것들을 총체적으로 이해하려고 노력해야 한다는 점이다. 주지하다시피 하나의 성서 본문이 합법적으로 여러 개의 의미가 있을 수 있기 때문에, 우리는 가능하면 이 의미들을 전체적인 방식으로 고려해야 한다.

이처럼 요나 혹은 더 정확히 말하자면 요나와 하나님 사이의 관계가 이스라엘 역사를 대표하는 것이다. 어떤 의미로 요나가 이스라엘이다. 이것은 그가 이스라엘 백성의 구성원이기 때문만이 아니라 그가 처한 상황이 택함 받은 백성의 상황이기 때문에도 그렇다. 그러나 이것은 결코 충분한 설명이 될 수 없다. 실제로 이 책의 많은 부분이 이와 같은 방식으로는 이해될 수 없다. 특히 죽음과 지옥에 들어가는 부분이 그러하다. 이것은 이스라엘을 정말로 죽음과 지옥에 들어간 사람에 종속되고 연결된 것으로 이해한다는 조건에서만 맞다. 이것 없이는 이 모든 것을 동양적인 시적 과장으로 볼 수밖에 없다.

그럼에도, 요나가 택함 받은 백성에게, 이스라엘의 구원을 위하여 하나님의 심판을 수행하는 다른 민족들에게 떨어지는 정죄를 통하여 요나가 수납한, 용서와 변함없는 관계를 의미한다는 점은 이론의 여지가 없다. 어떤 면에서 이 이스라엘의 구원은 유대 역사의 사실들이 우리에게 끊임없이 상세하게 이야기하는 것을 절대적으로 그리고 영구적으로 담고 있다. 그러나 여기서 일종의 객관적 계시가 관련되기 때문에, 다른 것을 배제하고 그 객관적 계시만을 받을 수는 없다. 만일 하나님 구원의 영구적 임재에 대한 객관적 계시를 동반하지 않는다면 그 계시는 절망적이다.

또한, 요나가 이스라엘을 형상화하기 때문에 그는 또한 우리에게 새 이스라엘, 즉 교회도 대표한다는 점을 주목하자. 교회와 하나님의 관계들은 옛 이스라엘과 하나님의 관계들과 그 유형이 완전히 같다.

두 번째로 이 책은 모든 사람과 관련된다. 이 책은 모든 사람이 하나님의 부름을 받을 때, 그 은혜와 마주할 때 어떠한 태도를 보이는지 우리에게 이야기한다. 그리고 이러한 의미에서도 역시 이 책은 선지자적이다. 그것은 일반적인 말만이 아니고, 진실로 특정적이며 우리 각자와 관련을 맺는다. 그러나 여기에서 또한, 만일 그것이 자연과 은혜 사이에서 발버둥치는 인간에게 하나님이 주시는 거의 비꼬는 듯한 교훈으로 끝을 맺는, 인간과 하나님 사이의 고칠 수 없는 대립을 확인하는데 그친다면, 우리와 관계하는 이 말은 완전히 옳은 것이 아니다. 이 상황이 출구를 가지고 생명의 진리를 소유할 때에만 이것이 완전히 우리와 관련된 예언이 된다. 거기에 사실에 대한 확인만이 존재하는 한, 어떤 의미에서 아무것도 없다고 말할 수 있다. 그러나 이 사실의 확인이 하나님과 사람 사이의 영원하고 유일무이한 관계로 이어지는 순간부터 그것은 우리 각자에게 완전히 의미심장한 것이 된다. 이처럼 간략하게 요약하면서, 우리는 앞으로 이 책에 대한 모든 설명 가운데에서, 요나서가 의미가 있으려면 이스라엘과 인간에 대한 예언이 그리스도에 대한 예언을 가정한다는 사실을 되짚고 넘어가야만 할 것이다. 그러나 그리스도에 대한 예언이 다른 것들을 제거하지는 않는다. 그것은 다른 것들을 확인하고 설명하며 이 책의 가치를 완전하게 담고 있다.

요나는 그리스도의 형상이며 원형이다. 그것을 확인하기 위해서라면 예수님이 요나의 계시를 자신에게 적용하셨다는 사실을 고려하는 것으로 우리에게 충분할 것이다. 그뿐만 아니라 우리는 이 예언을 많은 상세한 정보들 속에서 확인하도록 인도될 것이다. 이것은 단지 매우 일반적인 수사에 그치지 않는다. 요나가 처한 상황들은 메시아의 상황들이다. 물론 요나 자신이 그리스도라는 것은 아니다. 그는 한낱 한 사람에 불과하지만, 하나님에 의해 그리스도가 처한 것과 같은 상황들 가운데로 위치하게 되었다. 이것은 앞으로 명백해질 것이다.

그리고 만일 우리가 예언의 이러한 의미를 거부한다면, 더는 아무런 의미도 없게 될 것이다. 그렇다면, 유대인들이 이 책을 정경과 예언서로 채택했던 것이 결국 미련한 짓을 한 것이 된다. 왜냐하면, 인간에 대한 또한 이스라엘에 대한 요나서의 예언이란 우스꽝스럽고 새롭지 못한 것이거나 받아들이기에 불가능한 것이기 때문이다. 그것은 요나가 메시아를 예고할 때만 비로소 참되고 충만하며 받아들일 만한 것이 된다. 오직 거기에서부터 나머지 예언들의 의미가 전개된다.그래서 유대인들이 이 책을 예언서로 간주했을 때 자신들이 무엇을 했는지 그들이 알지 못했다는 것을 우리가 말할 수 있다. 그들을 위해 성령이 그것을 아셨다.

그러나 이것은 두 가지 결론을 이끌어낸다. 첫 번째 결론은 그 사실들이 역사적인지 아닌지, 또는 우리가 옛 전설들과 마주하고 있는지 아닌지는 별로 중요하지 않다는 것이다. 왜냐하면, 이 이야기는 자기 자신에게서 그것의 가치와 의미를 취하지 않기 때문이다. 그것이 무엇이냐에 의해서가 아니라, 그것이 무엇을 가리키느냐에 의해 자신의 가치와 의미를 취한다. 그것은 자신이 담는 진리, 즉 그 예언을 성취하시는 분으로 말미암아 가치를 가진다. 예언은 가리키는 사실이 성취될 때에만 진정성을 가진다. 하나님의 말씀이 충실하게 전달된다는 조건으로는 또한 그 예언이 모든 예언을 성취하시는 분에 의해 진리가 된다는 조건으로는, 성령이 자신들에게 계시하신 예언을 전달하기 위해 서기관들과 박사들이 모든 민족에게 공통적인 전설들이나 하가다를 사용한다 할지라도 그것은 별로 중요하지 않다. 그분을 제외하고는 모든 신성한 말씀이 단지 사람의 말에 지나지 않으며, 반대로 그분 안에서는 하나의 전설이 진리를 담아낼 수 있다. 바로 거기에서 자신의 수단들을 선택하시는 하나님의 자유를 확인한다.

두 번째 결론은, 이 요나서를 예언서로 보아야만 한다는 것이다. 그러므로 주석서는 이러한 특성을 존중해야 하며 이 점에 중점을 맞추어야만 한다. 따라서 이 본문을 도덕적 의미에서나 권면 혹은 경건의 의미에서나, 예를 들어 1950년 헤르베르트 베르너Hebert Werner가 이 책에 대해 연구한 것처럼 교회론적 의미에서 해석하지 말아야 한다. 그의 작업은 매우 흥미가 있는 것이지만, 예언적 성격을 무시했기 때문에 이 책의 본질적인 논점을 비켜간 것으로 보인다. 이것은 권면이나 교회론적 교훈이 전혀 없다는 말이 아니지만, 그것들은 그 중심적 성격으로부터 도출되는 것들일 뿐이다. 우리는 이 책의 특별한 계시들을 그것의 중심적 계시로 되돌아오게 함을 통해 요나서를 이해하려고 노력할 것이다.

1장

주의 말씀이 요나에게 임하다

1장 · 주의 말씀이 요나에게 임하다

요나서 제1장 (표준새번역)

1. 주께서 아밋대의 아들 요나에게 말씀하셨다.
2. "너는 어서 저 큰 성읍 니느웨로 가서, 그 성읍에 대고 외쳐라. 그들의 죄악이 내 앞에까지 이르렀다."
3. 그러나 요나는 주의 낯을 피하여 다시스로 도망가려고, 길을 떠나 욥바로 내려갔다. 마침 다시스로 떠나는 배를 만나 뱃삯을 내고, 사람들과 함께 그 배를 탔다. 주의 낯을 피하여 다시스로 갈 셈이었다.
4. 주께서 바다 위로 큰 바람을 보내시니, 바다에 태풍이 일어나서, 배가 거의 부서지게 되었다.
5. 뱃사람들은 두려움에 사로잡혀 저마다 저희 신들에게 부르짖고, 저희들이 탄 배를 가볍게 하려고, 배 안에 실은 짐을 바다에 내던졌다. 요나는 벌써부터 배 밑창으로 내려가 누워서, 깊이 잠들어 있었다.
6. 마침 선장이 그에게 와서, 그를 보고 소리를 쳤다. "당신은 무엇을 하고 있소? 잠을 자고 있다니! 일어나서 당신의 신에게 부르짖으시오. 행여라도 그 신이 우리를 생각해 준다면, 우리가 죽지 않을 수도 있지 않소?"
7. 뱃사람들이 서로 말하였다. "우리가 어서 제비를 뽑아서, 누구 때문에 이런 재앙이 우리에게 내리는지 알아봅시다." 그들이 제비를 뽑으니, 그 제비가 요나에게 떨어졌다.
8. 그들이 요나에게 물었다. "우리에게 말하시오. 누구 때문에 이런 재앙이 우리에게 내렸소? 당신은 무엇을 하는 사람이며, 어디서 오는 길이오? 어느 나라 사람이오? 어떤 백성이오?"
9. 그가 그들에게 대답하였다. "나는 히브리 사람이오. 하늘에 계신 주 하나님, 바다와 육지를 지으신 그분을 섬기는 사람이오."

10. 요나가 그들에게, 자기가 주의 낯을 피하여 달아나고 있다고 말하니, 사람들이 그 사실을 알고, 겁에 질려서 그에게 소리쳤다. "어쩌자고 당신은 이런 일을 하였소?"
11. 바다에 파도가 점점 더 거세게 일어나니, 사람들이 또 그에게 물었다. "우리가 당신을 어떻게 해야, 우리 앞의 저 바다가 잔잔해지겠소?"
12. 그가 그들에게 대답하였다. "나를 들어서 바다에 던지시오. 그러면 당신들 앞의 저 바다가 잔잔해질 것이오. 바로 나 때문에 이 태풍이 당신들에게 닥쳤다는 것을, 나도 알고 있소."
13. 뱃사람들은 육지로 되돌아가려고 노를 저었지만, 바다에 파도가 점점 더 거세게 일어났으므로 헛일이었다.
14. 그들은 주를 부르며 아뢰었다. "주님, 빕니다. 우리가 이 사람을 죽인다고 해서 우리를 죽이지 말아 주십시오. 주께서는 뜻하시는 대로 하시는 분이시니, 우리에게 살인죄를 지우지 말아 주십시오."
15. 그들은 요나를 들어서 바다에 던졌다. 폭풍이 일던 바다가 잔잔해졌다.
16. 사람들은 주를 매우 두려워하게 되었으며, 주께 희생제물을 바치고서, 주를 섬기기로 약속하였다.
17. 주께서는 큰 물고기 한 마리를 마련하여 두셨다가, 요나를 삼키게 하셨다. 요나는 사흘 밤낮을 그 물고기 뱃속에서 지냈다.

1. 하나님의 선택

하나님은 그분의 말씀을 니느웨에 전하고자 요나를 택하셨다. 본문은 하나님이 그런 선택을 하신 이유에 대해서 말하지 않는다. 인간적인 이유는 분명히 아니다. 그 이후의 이야기를 보면 특별히 그의 성격이나 헌신이나 미덕 때문에 요나가 이 사역에 지명된 것 같지는 않다. 하나님이 택하시기로 하시는 순간, 모든 것이 시작된다. 그 이상을 거슬러 올라가서, 하나님의 은밀한 모략 가운데서 하나님의 이유를 꿰뚫어보려고 시도할 필요는 없다. 우리는 하나님과 우리 사이에관계가 성립되고 하나님이 우리와 관련된 결정을 우리에게 계시해 주시는 순간부터 이해하기 시작한다. 하나님의 말씀이 요나에게 계시될 때 역사가 시작된다.

말씀이 임하다

전통적으로 1절을 하나님의 말씀이 요나에게 "임하였느니라"고 번역한다. 실로 히브리어 원문은 단순하게 "있다"고 말한다. 하나님의 말씀이 있다. 하나님의 말씀은 요나를 위해 있고, 그에게 속해 있다. 이것은 이 말씀이 단어들로 이루어진 것이 아니라는 사실을 분명하게 의미한다. 하나님의 말씀은 하나님이 발설하신 문장들이 아니라 존재하며 나타나는 능력이다. 그런 이유로, 말씀이 이처럼 한 사람에게 나타날 때, 그 사람은 우리가 늘 상상하는 하급자가 상급자의 명령을 받는 상황 속에 결단코 처하지 않는다. 이 하급자는 그 명령을 완수해야 하지만 그 명령은 결코 단어들의 집합에 그치는 것이 아니다. 그것은 행위를 이끌어내려는 목적이 있고, 사회적 제재가 따른다. 그러나 그 자체가 하나의 행동은 아니다. 넓은 차원에서 보면, 그 하급자는 자유롭다. 그는 순종할 수도 있고 불순종할 수도 있다.

그런데 하나님의 말씀이 관련될 때, 이와는 다르다. 그것은 말이 아니라 능력이다. 하나님의 말씀은 말씀이 도달하는 대상을 변화시킨다. 그것은 언제나 창조적이며 구원적이다. 그것은 반드시 효과가 있다. 따르지 않는 명령은 효과 없지만, 하나님의 말씀은 언제나 그 목적을 달성한다. 사실 요나서의 가장 중요한 교훈 중 하나는 여기에 있다. 말씀은, 사람의 결정들을 고려하시고 존중하시는 하나님에게서 오는 모든 종류의 우회와 복잡화를 거치고 나서, 하나님의 결정을 실현한다.

말씀이 어떤 상황에 개입할 때, 말씀은 그 상황을 변화시킨다. 말씀이 한 사람에게 개입할 때, 심지어 그가 듣기를 거절해도 말씀은 이미 그를 변화시킨다. 이는 단순한 순종 이상의 것이다. 말씀은 그를 둘러싼 모든 이들을 끌어당기며 하나님과의 논쟁이 될 수 있는 진기한 경험에 그를 투입한다.

그 말씀이 한 사람에게 임한다. 실제로 그 말씀은 언제나 독특하다. 그것은 하나님의 특별한 행동 없이도 모든 사람이 포착하고 이해할 수 있는 보편진리가 아니다. 하나님은 무엇보다 한 사람의 하나님이다. 선택과 소명은 군중이나 인류나 인간이 아니라, 한 사람과 관련을 맺는다. 이렇게 선택되고 지명된 사람에 대해 우리가 아는 것은 아무것도 없다. 성서는 이 사람에 대해 우리에게 가르치는 것이 필요치 않다고 판단한다. 요나에 대하여, 우리는 실제로 아무것도 알지 못한다. 그의 가족도, 마을도 인격도 알 수 없다. 하나님의 말씀이 그에게 임하는 순간부터 그는 중요성을 띠기 시작한다. 그 순간 그는 인격화된다. 이전에도 그는 의심할 여지없이 모든 사람이 갖는 가치를 공유한 한 개인이었고, 아주 중요한 존재였다. 그러나 그에게는 어떤 운명이 있었다. 그는 그 운명에 복속되었다. 지금 그는 그 한계를 벗어나 위치하고, 독특한 존재가 되고, 그 운명을 지배하며, 그 자신과 다른 사람들을 위하여 역사를 바꾸도록 부름을 받는다.

그러나 이것은 일종의 개인주의가 거기에 있다는 것을 의미하는 것은 결코 아니다. 요나는 택함 받은 백성의 한 구성원이며 하나님이 그에게 맡긴 말씀은 그 언약과 관련하여 그에게 주어진 것이다. 요나는 하나님의 백성에 포함되며 그 말씀은 더욱더 강력하게 그를 하나님의 백성 가운데로 합류하게 한다. 그의 모든 진기한 경험 가운데에서 그는 혼자이다. 하나님 앞에 홀로 있고 죽음 앞에 홀로 있고 니느웨 앞에 홀로 있다. 그러나 그 고독 속에서 그가 알든지 모르든지 구름 같은 증인들과 바알에게 무릎을 꿇지 않은 칠천 명과 이스라엘의 남은 자에 포함된다. 실제로 요나는 모든 하나님의 백성을 대표하며, 비록 그가 혼자이지만, 비록 오직 그만이 남은 자이지만, 훌륭하게도 그는 그 혼자서 모든 백성, 즉 이스라엘과 교회를 대표한다. 그래서 하나님은 요나의 개인적이고 임의적인 결정에 만족하실 수 없다. 그가 등을 돌려 도망할 때 요나 개인이 아니라 교회 전체와 세계가 문제가 되는 것이다. 그리고 하나님은 그가 아무것도 하지 않도록 내버려두실 수 없으며, 요나는 자신이 보냄 받은 세상으로 말미암아 하나님에게서 독립적일 수 없다. 요나의 상황이 실제적이고도 완전하게 변하려면, 말씀이 그에게 임한 것으로 충분했다. 그러나 요나자신은 여전히 변하지 않았다. 성서에 따르면, 변한 것은 무엇인가?

선택과 소명

하나님의 선택과 택정을 나타내는 이 말씀은 하나님의 선택에 대한 단순한 공지가 아니었다. 그것은 우리에게 하나님의 결정을 알려주어 결국 우리의 개인적인 만족과 우리의 개인적인 기쁨과 우리의 건덕과 우리의 평화가 되는 일종의 통지서가 아니다. 이 말씀은 자신이 어떤 일을 하도록 선택받았다는 점을 요나에게 알게 한다. '하나님의 선택' 은 단지 택정에 그치는 택정이 결코 아니다. 하나님이 한 사람을 지정하시고 그에게 말씀하실 때, 그것은 그 사람을 어떤 일이나 행동에 투입하시기 위해서이다. 성서 어디에서도 막연하거나 순전히 신비한 소명은 찾아볼 수 없다. 일반적 선택, 다시 말하면 '대충' grosso modo 그리스도인이 되라거나 일반적으로 하나님의 뜻을 성취하라는 선택은 존재하지 않는다. 하나님이 한 사람에게 말씀하실 때, 하나님은 그를 개별화하실 뿐 아니라, 그를 위해 자신의 선함을 특별하게 나타내신다. 물론 모든 사람에게 유효한 하나님의 일반의지라고 불리는 것이 존재한다. 하나님의 선택은 일반의지에 대한 지식으로 성립하는 것이 아니라, 구체적인 어떤 행위, 한정된 어떤 사역에 참여함에 있다. 만일 하나님이 한 사람을 택정하신다면, 그것은 그가 하나님에 의해 시도된 사역을 위해 섬기도록 하기 위함이다. 그리고 이 길을 따라 그가 섬기는 만큼, 그 하나님의 선택에 대한 진정한 의미를 알게 될 것이고, 그 자신을 위해 그 선택은 더욱 분명해지고 더욱 확실해질 것이다. 그러므로 우리는 '기독교적 미덕' 에 결코 만족할 수 없다. 소명은 사역에 참여함을 전제하기 때문이다. 그리고 이 참여를 떠난 하나님의 선택은 존재하지 않는다.또한, 하나님이 어떠한 역할을 하도록 한 사람을 택하셨을 때, 그분은 결코 뒤로 물러서지 않으신다. 이렇게 그 자신이 원하든 원하지 않든 하나님의 행위에 참여하게 된 사람은, 심지어 그가 거부하고 도망한다 해도 택함 받고 뽑힌 사람으로 유지된다. 요나가 도망한 사실이 유일무이한 예는 아니다. 오히려 모든 사람이 소명에 대해 인식하는 순간, 거부하고 도피하기 시작한다고 볼 수 있다. 그러나 하나님의 선택은 여전히 효력을 지니고 있다. 하나님이 어떤 구체적인 행위를 위해 선택하셨고, 그 행위가 성취되지 않는 한 하나님이 그 사람을 추적하신다. 성서의 모든 사람이 그러하며 심지어 유다도 그러하다.실제로(영적인 실재에서) 하나님은 인간에게 하나님의 은혜를 제안하시고, 사람은 그것을 받거나 거부한다고 생각하는 것은 지나치게 단순한 것이다. 하나님이 은혜를 베푸셔서 한 사람을 택하셨을 때, 하나님이 결정한 것을 그 사람이 행하지 않을 때에도 그 은혜는 유지된다. 그러나 요나가 그 훌륭한 예가 되는바,(하나님이 어떤 구체적인 행위를 위해 선택하신다는 사실과 관련된) 선택의 유지는 그 사람의 의지에 대한 단순한 부정으로 이끄는 것도 아니다. 하나님이 이 사람을 추적하시며, 결국 하나님이 결정한 그 일에 그 사람의 의지가 동참하도록, 그의 전 생애에 거쳐 그를 인도하신다. 요나를 향한 하나님의 행위에 대하여는 나중에 보다 자세하게 살펴볼 것이다.매번 사람이 거부할 수 있고 매번 하나님이 다시 시작하신다. 이것은 그 사람이 "예"라고 말하기로 하기까지 계속된다.그러므로 사람은 자연적으로 인간적인 명령과 마주할 때에 비하여 이 말씀에 의해 더 자유로우며 동시에 덜 자유롭다고 말할 수 있다. 그는 더 자유롭다. 왜냐하면, 이 말씀에 의해 사회적 우연성에서 벗어나게 되기 때문이다. 그는 세상과 단절해야만 한다. 우리가 요나에게서 보는 것도 바로 그것이다. 그의 결정이 순종하는 것이든 아니면 도피하는 것이든, 그는 결국 그의 일상생활과 그의 주위 환경과 그의 조국과 단절하였다. 이제부터 그는 다른 사람들과 결별한다. 이것은 그때까지 이 사람의 인생을 인간적으로, 사회적으로 조건 지었던 모든 것이 삭제될 만큼 심각한 결별이었다. 실제로 그는 어떤 인간적 명령도 그에게 알려질 수 없는 상황에 부닥쳐 있었다. 세상을 따라 순종하도록 그를 밀어붙이던 모든 것이 무게를 잃고 그에게서 가치를 상실했다.

그러나 또한 여기에서 그는 자신이 택하지 않았고 그로부터 도피할 수도 없는 어떤 행위에 참여하게 되었다. 보라! 지칠 줄 모르는 인내를 가지고 그 사람의 전부를 원하며, 모든 수단을 동원하는 불타는 사랑이 그를 추적한다. 결국, 그 사람은 하나님의 이유 앞에 항복하게 될 것이다. 주어진 자유 안에서 그러나 이 진기한 경험만을 위해 주어진 자유 안에서 그가 모든 것을 잃느냐 마느냐 하는 게임을 해야 하는 이 진기한 경험은 하나님에게 대단히 중요한 것으로 나타난다. 말하자면 하나님이 그 사람을 참여하게 하신 그 사역에 하나님 자신도 참여하신 것이다.

이것 역시 하나님의 말씀으로 말미암아 요나가 처하게 된 상황의 한 측면이며, 그것은 이제 그 이야기 가운데 등장하게 된다. 모든 것이 선택받은 자를 중심으로 정돈된다. 폭풍이 엄습한다. 이것은 과학에 따라 그 원인과 결과들을 설명할 수 있는 물리적, 자연적 현상이다. 전기나 저기압에 대해 말할 때, 우리는 이러한 태도를 전적으로 수용할 수 있으며, 그 자리에 멈추어 서서, 이러한 원인 배후에는 더는 다른 어떤 원인도 없다는 것을 인정할 수 있다. 그러나 요나서는 이 폭풍(다른 모든 폭풍과 같은 물리적 원인을 가진)이 오직 요나를 위하여, 그리고 오직 요나 때문에 거기에 나타난 것임을 우리에게 가르쳐 준다. 그 폭풍은 다른 많은 결과를 가져온다. 해안을 청소할 것이고 물고기들을 도망하게 할 것이고 선박들을 침몰할 것이다. 그러나 이 폭풍이 추구한 목적은 굽히지 않는 요나를 무너뜨리는 것이다. 이처럼 많은 요소와 사람들(여기서는 매우 특별하게 선원들)이 요나의 진기한 경험에, 그와 함께, 그로 말미암아 참여하게 된다. 소명의 무게와 중력이 얼마나 놀라운가! 하나님은 자신의 선택을 대단히 중요하게 보시며, 선택된 사람을 매우 진지하게 대하신다. 그래서 하나님은 그가 자신의 소명을 완수할 수 있도록 모든 자연계를 움직이게 하신다. 그렇다고 해서 여기에서부터 우리가 각각의 사건들의 영적인 의미가 무엇인지 자문할 필요는 없다. 그러나 우리는 모든 사건이 합리적인 외양을 가질에도 실제로는 하나님의 사역을 성취하기 위한 두려운 섭리 가운데 있다는 사실을 알아야 한다. 하나님의 사역은 자연과 세상의 자연적 역사에서 추가적인 것도 아니고 여분의 것도 아니다. 이성적으로 설명하기 쉬운 이 역사는 하나님 사역의 한 도구에 불과하다.

그리고 이 사건들 가운데 하나가 아마도 우리 때문에 일어났다. 그것이 무엇인지 퀴즈 게임을 하지는 말자. 그것은 언뜻 보아서는 우리가 언제나 알아보지 못하는 것이다. 폭풍과 대면한 요나는 잠을 자고 있다.

2. 인간의 태도

지금 모습을 드러낸 요나의 이야기에서 요나와 선원들이라는 두 부류의 사람들을 발견한다.

요나가 그에게 임한 하나님의 말씀을 들을 때 그는 순종하기를 거절한다. 인간적 관점에서 보면 그가 거부하는 것은 분명히 합당하다. 요나를 니느웨에 보내는 것은 미친 짓이다. 거대도시인 니느웨는 하나님과 그의 백성에 대하여 끊임없이 반기를 들었다. 무엇보다 그곳에 도달하려면 사막을 관통하여 도보로 1,200 km에 달하는 대단한 여행을 해야 한다. 이것이 첫 번째 어려움이다. 또한 12만 명에 달하는 거대한 도시에 도착해야 한다. 성서가 그렇게 말하지만 아마도 실제로는 그것보다 더 큰 도시였을 것이다. 엄청나게 큰 도시를 마주해야 하는 요나는 혼자였을 것이다. 오늘날 아무런 도움 없이 이처럼 큰 도시에 말씀을 전하려고 홀로 떠나는 한 사람을 상상해보자. 심지어 그 도시가 기독교화되었다 해도, 아무런 '사회학적 형식' 없이 파리나 혹은 베를린에서 설교하려고 시도하는 것을 상상해보자. 거대한 도시 앞에서 단 한 사람이 그것을 뒤흔들려고 하는 시도들을 상상해보자. 알렉산드리아의 클레오메네로부터 파리의 게리 데이비스에 이르기까지 우리는 그것이 어떻게 끝을 맺는지 잘 알고 있다.

더욱이 이것은 니느웨인들의 나라로 가야 하는 일이다. 그런데 이들은 전통적으로 이스라엘과 적대적인 민족이다. 요나의 시대는 앗시리아의 힘이 절정에 달했을 때이다. BC 750년에서 BC 700년에 이르는 기간에 앗시리아인들은 다마스와 사마리아를 정복하였고 유다를 침략했다. 예후 시대부터 이스라엘 왕국은 앗시리아에 복속되었다. 요나가 살았던 이스라엘 왕국은 앗시리아의 식민지에 불과했다. 여호와께서 이곳으로부터 정복자들에게 회개를 설교하도록 한 사람을 보냈다. 1941년과 1942년 사이에 베를린에 회개를 설교하러 가는 한 프랑스인을 상상해보자. 이 설교가 선포될 대상은 고대 시대에서 가장 호전적이고 가장 현실적이며 가장 잔인한 민족이다. 그들은 살아있는 적들의 가죽을 벗겨서 피라미드의 벽을 뒤덮었다. 그러나 이 모든 것에 앞서 니느웨라는 단어를 성서에 따른 관점으로 재조명할 필요가 있다. 거대도시인 니느웨는 바빌론처럼 인간의 권능의 장소이고, 하나님의 창조에 대항하는 인간의 반反창조이며, 악마와 인척관계를 맺고 하나님을 거부한 인간의 교만의 장소이고, 하나님을 향하여 닫힌 세계이다. 영적으로 니느웨가 대표하는 것은 언제나 거기에 있었다. 이 도시는 하나님에 대항한 것처럼, 하나님의 백성에게도 강력하게 대항했다. 니느웨와 이스라엘의 두 왕국 사이에서 다툼이 계속된 것은 역사의 우연이 아니다. 그것은 모든 권세들의 목적지이다. 따라서 이 드라마는 훨씬 심오한 차원이 있다. 하나님은 요나가 갈 수 없는 바로 그 곳으로 가라고 명하신다. 이것은 어둠 가운데로 빛이 가는 것과 같다 결론적으로 니느웨는 신학적인 의미에서 '세상' 인 것이다.

이처럼 그 명령을 역사적 맥락에서 보든지 아니면 영적인 의미로 보든지 우리는 똑같은 어려움과 똑같은 시험에 직면한다. 하나님은 요나에게 절대적으로 불가능한 것을 요구하신 것이다. 또한, 우리는 하나님이 요구하시는 것은 언제나 인간적 관점에서는 불가능한 것이라는 점도 알아야 한다. 사람들의 판단으로는, 요나가 거부하고 도망한 것은 전적으로 합당한 것이다.

요나의 도피

무엇이든 니느웨에서 죽는 것보다는 낫다. 요나는 하나님의 불가능한 요구를 받아들이지 않았다. 그는 세상이 판단하는 것처럼 판단한 것이다. 그러나 그는 자신이 이미 어떤 진기한 경험에 참여한 것을 알지 못했다. 그 진기한 경험 가운데서 그는 더는 이전처럼 판단하지 못하고, 세상의 이유에 따라 취해진 그의 결정들은 아무 데도 도달하지 못하고, 아무것도 해결하지 못한다.

요나는 다시스를 향하는 배에 오른다. 그것은 아마도 스페인의 도시인 타르테수스일 것이다. 그는 하나님이 그에게 지시하신 곳과는 정반대 방향을 향해 떠난다. 그에게 한 인간으로서의 삶은 이미 더는 가능하지 않다. 그는 떠나야 하며 그것도 도망자처럼 떠나야 한다. 본문은 그가 도망한다고 말한다. 그에게는 양심이 없다. 그는 아담처럼, 카인처럼 도망한다. 그는 자신이 의롭지 않다는 것과 하나님과 자신 사이에 장벽을 세우는 것이 유일한 해결책이라는 것을 안다. 그는 실제로 "하나님의 얼굴로부터 멀리" 도망한다. 역사가들은 다음과 같이 주장한다. 그 당시 시대로 거슬러 올라가면 사람들은 신들이 지역화 특정한 지역에 거처를 한정하는 것 한다고 생각했다. 이스라엘의 하나님은 이스라엘이 차지한 영토 내에 거처를 정하셨고, 사람이 이 영토를 떠나면 하나님의 능력에서도 벗어났다. 이러한 주장은 요나의 실제적인 떠남을 설명해줄 수 있다. 자신이 수행할 수 없는 명령을 접수하고 나서, 그는 자신에게 아무런 명령도 내리지 않는 다른 신들이 거주하는 외국으로 떠난 것이다. 그러나 이러한 설명은 받아들이기 어렵다. 심지어 BC 750년에 여호와가 우주적 하나님이라는 개념이 유대교에서 강력하게 확인된다. 요나서 본문이 작성된 BC 350년경의 시대에 이르면 이것은 더욱 그러하다. 더욱이 9절은 여호와가 온 땅을 소유하고 계신 하나님이라는 사실을 요나가 완전하게 알고 있다는 것을 나타낸다. 혹자는 하나님이 지역화된다고 말하는 사람들에 대하여 본문이 논쟁적인 의미가 있다고 말할지 모른다. 그러나 BC 350년경 이에 대한 논쟁은 많지 않았다. 그것은 거의 문제가 되지 않았다.

여기에는 명백하게 영적인 의미가 있는 것 같다. 요나가 떠나면서 하나님이 택하신 백성과도 단절한다. 그는 더는 택함 받은 백성의 일원이기를 원하지 않는다. 그는 살아 계신 하나님보다 다른 신들을 좇는 것을 선호한다.(그는 자신이 가는 곳에 다른 신들이 있다는 것을 분명히 알고 있다) 그는 살아계신 하나님과 자신을 인간적으로 묶는 모든 것을 잘라낸다. 그 사안이 종결되기 위해서, 자신이 뜻을 세우고 하나님 앞에서 거절하면 충분하리라 예측한다. 그는 영벌을 선택한다. 바로 이것이 "하나님의 낯을 멀리 피한다"는 것의 의미이다. 그것은 그에게 순종보다 선호할 만한 것으로 보인다. 그만큼 명령은 불가능한 것이다. 영벌에 도달하기 위해 그는 통과비용을 치른다. 요나의 이야기는 진실로 우리 각자의 이야기이다. 우리는 하나님의 낯으로부터 멀리 떨어져 있으려고 막대한 희생을 치르지만, 하나님의 실현 불가능한 의지는 결국 하나님 자신이 성취하신다는 사실을 인정할 능력이 우리에게 없다.

요나의 태도에서 발견되는 마지막 특징은 다음과 같다. 폭풍이 이는 동안에 그는 배 밑바닥에 내려가 잠을 잔다. 이에 대한 설명도 매우 다양하다. 어떤 이들이 말한 바로는, 이것은 요나에게 양심이 있다는 것을 나타내는 상징이며, 그가 해야 할 일을 했다는 것을 입증하는 것이다. 다른 이들은 요나가 단지 잠자는 체했을 뿐이라고 주장한다.

그러나 나머지 부분들, 선행하는 부분들과 이것이 조화를 이루게 하여 보면 이 구체적 묘사의 의미는 매우 명백해진다고 생각한다. 요나는 하나님의 임재로부터 도망하여 폭풍이 이는 동안 잠을 잔다. 이것은 그가 이 폭풍의 의미에 대해 생각하기를 거절한 것을 의미한다. 그는 그 폭풍을, 자신이 할 수 있는 일이라곤 아무것도 없는 자연현상 이외에 다른 어떤 것으로 바라보기를 거부한다. 그는 거기에서 하나님의 행위와 부르심과 지시가 있다는 것을 인정하려고 하지 않는다. 그는 아무것도 듣지 않으려 한다. 그는 이것이 하나님으로부터 말미암는다는 것을 알려고 하지 않았기 때문에 무의식 가운데로 계속 도망한다.

그뿐만 아니라 이 상세한 묘사를 그 이후의 본문과 관련하여 봐야 한다. 그는 자신을 불러서 그들에게 오게끔 한 선원들에 의하여 잠에서 깨어났다. 그의 잠은 다른 사람들의 물질적이고 영적인 운명 속에서 그들과 연대하기를 거절하는 것이다.

모두가 위험에 처해 있을 때, 하나님의 말씀을 피해 도망한 자는 자신의 고독 속에서 갇혀 있고, 다른 이들이 무엇을 하든 보려고도, 들으려고도 하지 않는다. 그의 운명은 더는 그들의 운명이 아니다. 그는 잔다.

우리는 하나님의 선택이 계시된 사람의 다양한 반응들을 본다. 이것은 단지 요나의 반응들만은 아니다.

선원들과 요나

요나는 선원들과 함께 있었다. 선원들은 영문도 모른 채 이상한 이야기에 참여하게 된다. 이 욥바의 선원들은 유다 백성에 속하지 않는다. 그들은 이방인이며, 오늘날로 말하면 비그리스도인들이다. 그러나 그들은 택함 받은 백성의 한 구성원과 함께 승선한다. 이제부터 그들의 운명은 서로 관련이있다. 그리스도인과 비그리스도인이 같은 배위에 오른다. 모든 사람의 행위에 공동의 구원이 달렸지만, 그들 각자는 수행해야 할 특별한 일들이 있다. 그들은 똑같은 폭풍과 똑같은 위험을 감내하고, 똑같은 결과를 원한다. 그들은 단 하나의 진기한 경험 가운데 처해 있다. 이 배는 우리의 상황을 특징적으로 나타내준다.

당시 이 선원들이 무엇을 하고 있었는가? 그들은 먼저 인간적으로 할 수 있는 일들을 한다. 요나가 잠자는 동안, 그들은 선박을 구조하고 진기한 경험이 성공하도록 온갖 인간적인 방법들을 시도한다.욘1:5 그들은 경험과 항해기술과 이성과 상식으로부터 배운 것들을 다 시도한다. 이러한 의미에서 그들은 자기 의무를 완수한 것이다. 선원들은 그들의 지식으로 세상을 운전하며, 일반적인 조건에서 그러한 행위는 정확하다. 우리는 그들에게 그 이상을 요구할 수 없다.그러나 여기에서 나타나는 것은 비극적이다. 만일 그 조건들이 더는 일반적이지 않다면, 그것은 이방인인 선원들의 잘못이 아니라 그들과 함께 배를 탄 그리스도인의 잘못이다. 그 사람 때문에 과학과 선원들의 전통이 무기력해지는 상황으로 변한 것이다. 우리는 여기에서 다시 한 번, 이것이 세상의 일상적인 상황이라는 것과 폭풍이 교회와 신자들의 신실치 않음 때문에 엄습한다는 것을 인정해야 한다. 그리고 이 경우 폭풍이 교회를 강제하시려는 하나님의 뜻이라면, 모든 인간적인 계획을 위험에 처하게 하시는 하나님의 뜻이라면, 인간의 기술들은 아무것도 할 수 없다는 것을 쉽게 상정할 수 있다.

한편, 어느 정도는 희미하게 영적인 능력들을 인정하는 선원들은 그들의 문을 두드리려고 노력한다. 그리고 각자 자기가 서 있는 방향에서 좋은 신이든 나쁜 신이든, 자신의 신들에게 탄원한다. 그리고 그들은 의심없이 우리의 신들 가운데 있는 "역사의 변증법적 방향"이나 "진보"를 신뢰한다. 진정한 하나님을 알지 못하는 그들이 다른 무엇을 할 수 있겠는가? 그들은 또한 어두운 힘, 마술에 호소한다. 그들이 제비를 뽑는다. 그러나 무엇보다도 (그 결과가 참되므로, 효과적이며 하나님의 손안에 있다는 것이 밝혀진) 이러한 의뢰는 인간에게는 천성적인 것이다. 이 선원들이 이스라엘의 하나님이 마술을 금지한 것을 모른다면, 그것은 이스라엘이 진실로 그들의 하나님이 누구인지 그들에게 알려주지 않았기 때문이며, 이스라엘이 자신의 사명을 완수하지 않았기 때문이다. 세상이 구원자의 십자가 앞에 서는 문제가 우리에게 달렸음에도, 왜 우리 그리스도인은 세상이 그렇게 움직이는 것에 대해 불평만 하고 있는가? 물론 만일 선원들이 하나님의 금지 명령을 알고도 마술을 계속 사용한다면 그들이 심판받을 것이라는 점은 분명하다. 그러나 본문은 하나님께서 이 빈약하고 불쌍한 인간의 방법도 사용하고 계신다.

이윽고 선원들이 요나에게 말을 건다. 비그리스도인들이 그리스도인들에게 말을 거는 이유는 조금이라도 그들의 우월성을 인정해서도 아니요, 그들의 유용성을 인정해서도 아니다. 그리스도인들처럼 요나는 잠을 잔다. 그러나 무엇보다, 비록 그것이 좋은 결과를 가져오지는 않는 것이지만 모든 사람이 자신의 신을 부르는 그 자리에 동참하도록 그리스도인들을 초대하지 않는 이유는 무엇일까? 그들은 공통적인 곤경 가운데서 한 사람이 떨어져 나가 자신을 감추고 그들의 노력에 대해 무관심하게 있는 것을 용납하지 않는다.(그들의 이유는 정당하다) 비그리스도인들은 아마도 그리스도인에게 별로 기대하지 않을 것이다. 그러나 우연히 그들은 그리스도인들을 깨우게 되고, 그들에게 그 연극에 참여하여 달라고 요구한다. 그들은 깨운다. 즉, 그들은 그리스도인들이 현실에서 발생한 일에 대하여 의식을 갖도록 강제한다. 심지어 매우 적극적인 그리스도인조차 거의 언제나 현실에 대해 무지하다는 놀라운 특성이 있다. 그는 자신의 활동들과 선행들과 성가대와신학과 전도와 공동체의 잠 속에서 자신을 상실한다. 그리고 정확히 매번 현실을 비켜서 지나간다.(현실의 경계에 있다) 심지어 요나와 달리 아무런 나쁜 뜻이 있지 않다 해도, 그는 같은 배에 탄 사람으로서가 아니라 자신의 의도로 폭풍을 바라본다. 그렇지만, 보라! 비그리스도인들이 신자로 하여금 잠에서 깨어나 공동의 운명에 적극적으로 참여하도록 강제한다. 이것은 또한 오늘날의 상황과 다를 바 없다. 국가사회주의가 교회를 깨웠고, 공산주의가 교회를 깨우고 있다. "네 하나님께 구하라. 혹시 그가 우리를 생각하시리라." 그 이방인은 경멸의 어조로 이 쓸모없는 교회에 말하지만, 어떤 기회든 무시해서는 안 된다. 세상은 자신이 필요할 때 하나님과 그리스도인을 시험에 붙이며 이 시험은 그리스도인들을 중심으로 해서 드라마를 복잡하게 만든다. 그들은 더는 떠나거나 거절할 권한이 없다. 비그리스도인들에 의해 그들이 의식적으로 게임에 투입되는데, 그것은 하나님이 이 일을 위해 비그리스도인들을 사용하신 것이다.

그리고 요나가 자신의 책임을 받아들일 때, 요나가 자신의 죄를 인정할 때, 그가 이 비그리스도인들, 즉 세상을 위해 자신이 마땅히 어떤 존재가 되어야만 하는지 깨닫게 될 때, 그리스도인들과 교회가 자신들의 믿음의 전체를 고백할 때, 일련의 놀라운 사실들이 발생한다. 그러나 이러한 그리스도인들의 태도는 언어적인 것이 아니다. 그것은 요나가 하는 연설들이 아니다. 그는 삶 전체에서 자기 자신을 문제시하는 것을 수용한다. 이것은 죽느냐 사느냐 하는 문제다. 그는 자신의 전적으로 불신앙 때문에 심판을 받고 생명을 잃는 것을 받아들인다. 따라서 그는 증인, 다시 말하면 순교자가 된다. 그리고 결론적으로 거기까지 가야만 한다. 교회가 세상의 진기한 경험 가운데에서 자신의 역할을 하기로 받아들일 때,(이를 위해 교회가 세상으로 파송된다) 교회는 세상을 조직하고 지배하는 능력이 아니고, 연설하고 선을 행하는 조직체도 아니다. 교회는 순교자들의 어머니이며, 세상이 비극에서 탈출하게 하려고 하나님의 심판을 받아들이면서 자신들의 삶을 희생하는 자들의 어머니이다.

이렇게 되자 그 드라마는 이제 풀려간다. 바다는 잔잔해지고, 이교도들은 회심한다. 선원들은 인내와 공의와 권능과 주의력을 나타내시는 전능하신 하나님에 대한 큰 두려움에 사로잡힌다. 의심할 여지없이 그들은 아직 하나님의 사랑의 계시를 받지 못했다. 의심할 여지없이 그들은 아마도 하나님을 유일한 참 하나님으로 사랑하고 있지는 않을 것이다. 그러나 여호와에 대한 경외심이 그들의 마음속에 이미 스며들었다. 우리는 이스라엘의 신앙에서 이러한 경외심이 대단한 역할을 차지한 것을 안다. 그것은 공포가 아니다. 시편 130편에 의하면, 하나님은 우리가 하나님을 경외하게 하시기 위해 용서하신다. 이 경외는 베풀어진 은혜로부터 온다. 사면된 사형수는 죽음을 물러가게 한 능력 앞에서 두려움에 사로잡힌다.

그리고 실제로 선원들을 이 두려움에 의해 인도를 받아, 하나님의 손들 가운데에 자신들을 의탁하게 된다. 그들은 희생제물을 바치고 서원을 한다. 즉, 그들의 재물과 그들의 인격을 성별聖別한 것이다. 위대한 기적에 의해 죽음에서 구원받은 이교도들은, 그들의 차례가 되자 요나 안에서 총체적으로 이루어진 이 성별에 참여한다. 그 순교자가 죽은 후, 믿는 자들은 순교자 때문이 아니고 현현하신 하나님의 능력 때문에, 폭풍을 물러가게 하신 하나님께 그들의 삶을 드리는 것으로 선원들의 이야기는 끝을 맺는다. 그들은 그들의 믿음의 성장을 통해서만 그 너머로 갈 수 있다.

3. 하나님의 전략

이 이야기는 하나님이 세상 가운데서 끈기 있게 추구하시는 그 전략의 놀라운 한 단면을 우리에게 계시한다.

하나님은 요나를 그분의 은혜와 구원의 운반자로 선택하셨다. 그런데 요나가 거절하고 도망한다. 하나님이 어떻게 하실까? 그분이 단순히 요나를 버리시고 그를 정죄하시고 그를 벼락으로 치실까? 그분이 단순히 요나를 강제하시고, 요나의 의지에 대한 존중이란 전혀 없이 요나의 뜻에 반하여 니느웨로 그를 인도하시고 그의 뜻에 반하여 그가 말하게끔 하실까? 아니면, 그분이 단순히 요나의 결정을 수용하시고 그가 가도록 내버려두실까? 이 모든 것은 우리의 단순 논법 안에서 우리가 너무나도 자주 하나님께 부여하는 인간적인 해결책들이다. 하나님의 행위는 무한하게 더 섬세하고 더 복잡하다. 그리고 무엇보다 하나님이 이 진기한 경험에 자신을 투입하신다. 그분은 기계장치로 내려온 신deus ex machina,[1]으로 머물지 않으신다. 그분은 인간의 드라마 안으로 들어가신다. 그분은 더는 하늘과 땅에서 자신이 원하시는 대로 행하시는 전능하신 하나님이 아니시며, 인간의 높이까지 자신을 낮추신다. 얍복강에서 야곱과 씨름을 하신 것과 마찬가지로, 요나와 총량에서 결국 요나와 대등하게 씨름을 하신다.

하나님은 먼저 존재하는 사물들이 움직이도록 내버려두신다. 예를 들면 우리가 기계적 연대의식이라 부르는 것이 있다. 요나는 선원들과 굳게 결속돼 있다. 그리고 이 연대의식은 상황이 더 위험해질수록 더욱 밀착하게 되고 완전해진다. 그다음에 하나님은 요나의 믿음이 움직이도록 내버려두신다. 이 믿음이 대단히 탁월한 것은 아니다. 거기에 승리하게 하는 것은 아무것도 없다. 그것은 대략 단지 하나의 지식일 뿐이다. 이교도들은 이 진기한 경험의 이유를 알지 못한다. 요나는 그것을 안다. 요나가 수수께끼의 열쇠를 알고 있다. 그리고 그리스도인들이 아는 것도 바로 이것이다. 이것이 비그리스도인들과 구별되는 그들의 거의 유일한 차이점이다. 권태로운 것은, 지독히 권태로운 것은

1) 역주: 고대 그리스 연극에서 줄거리를 풀어나가려고 때맞춰 나타나는 신

이 지식이 자신에 대한 고발로 시작된다는 점이다. 그리고 실제로 여기에 요나가 이끌린다. 요나는 하나님의 행위를 이해하고 그것이 요나에 대한 유죄선고라는 것을 이해한다. 하나님이 그를 선택하셨기 때문에 그가 그것을 이해했다. 그리고 이것은 한편으로 그의 잠이 양심의 잠을 뜻하는 것이 아니고, 다른 한편으로 그가 하나님 안에서의 삶이 무엇인지 오래전부터 알고 있었다는 것을 우리에게 보여준다. 하나님이 자신의 눈앞에서 이러한 연대의식이 분출하도록 하실 때, 그분은 요나가 어쨌든 믿음 가운데 있다는 사실에 따르신다. 그분은 거기에서부터 움직이신다. 그분이 요나를 자신의 책임 앞에 세우신다. 그분이 그를 딜레마 속에 가두신다. 실제로 성서를 보면 하나님의 행위가 인간을 향하여 이끌어 가시는 장면이 매우 빈번하게 나온다. 그분은 그가 회피할 수 없는 양자택일의 선택 속에 가두신다. 그리고 인간은 양자택일의 각각의 요소가 의미하는 바가 무엇인지 안다. 이처럼 하나님은 인간을 강제하지 않으신다고 말할 수 있다. 그분은 사람을 하나의 꼭두각시처럼 다루시지 않으신다. 반대로 그분은 자유의 최정상, 즉 선택에 호소하신다. 그러나 이것은 두려운 양자택일의 선택이다.

요나의 딜레마

요나 앞에서 딜레마가 무엇인가? 그것은 단순하다. 그와 함께 있는 사람들을 그의 죽음 안으로 끌고 가거나,(왜냐하면, 요나는 하나님의 진노가 장난이 아니고, 하나님이 자신이 결정한 것을 끝까지 지키는 분이라는 것을 알고 있다) 아니면 요나 자신이 죄인인 것을 인정하고 이 죄책의 형벌(그에게는 죽음)을 수용하고 하나님의 뜻에 의탁하는 것이다. 그리고 요나는 동반자들의 운명을 자유롭게 결정할 수 있다. 그가 자유롭게 죄인임을 인정하거나 인정하지 않을 수 있다. 그가 자유롭게 하나님의 뜻에 동조하거나 하지 않을 수 있다. 그러나 양자택일은 엄격한 것이다. 제3의 대안도 타협도 없다. 이처럼 요나가 하나님의 뜻을 위해 자신을 스스로 정죄하도록, 즉 자신의 유죄선고를 받아들이도록 다시 한 번 부름 받는다. 이처럼 행하시면서 하나님은 사람과 하는 단순한 게임, 일종의 내기보다 훨씬 멀리 나아가신다. 결론적으로 이것이 무엇과 관련된 것이기에 그런가? 하나님은 니느웨가 유죄선고 아래 있다는 것을 요나에게 계시하셨다. 그리고 그분은 니느웨에 전해야 할 말씀을 그에게 주셨다. 그것은 경고이며 그 바탕에는 역사의 종말이 보여주는 것처럼 은혜의 말씀이 있다. 그러나 이것은 요나에게 아무런 흥미를 끌지 못한다. 니느웨의 정죄는 그에게 별로 중요하지 않다. 그는 그것이 의미하는 바를 전혀 깨닫지 못했다. 이 책의 뒷부분은 이것을 깨닫기가 얼마나 어려운지 잘 보여준다. 우리는 그가 하나님의 말씀을 전달하는 것에 대해서 어떻게 행했는지 보았다. 하나님은 친히 요나를 처하게 하신 양자택일의 상황 가운데서 그를 붙잡아주셔서, 요나가 알기도 행하기도 원하지 않았던 바로 그것과 온전하게 그러나 다른 양상으로 다시 마주치게 하셨다. 그는 니느웨에 임할 저주가 무엇인지 알려고 하지 않았었다. 그런데 이제 그 자신이 저주 아래 놓이게 된다. 하나님은 그를 위해 타자의 상황을 이처럼 구체적으로 만드셨다. 그러므로 이것은 고려해 볼만한 것이다. 요나가 자신에게 이 정죄가 무엇을 뜻하는지 깨달았을 때, 그는 타자에 대한 정죄를 전적으로 진지하게 대할 수 있다. 그리고 이것은 저주의 실현을 요구하는 그의 완고함을 잘 설명해준다. 그는 이제 저주의 무게를 안다.

요나는 니느웨를 위한 구원의 전달자가 되길 원하지 않았다. 그런데 이제 그가 선원들을 이한 구원의 전달자가 되는 같은 결정을 해야 할 처지에 놓여 있다. 그것을 원하든 원하지 않든 그는 자기 이름이 의미하는 바를 이제는 더는 피하지 못할 것이다. 그는 주님이 구원의 메시지를 담당케 한 '비둘기' 이다. 그가 하나님이 세우신 최초의 목표들을 벗어난다 해도 결국 자신의 사명을 완수해야 한다. 하나님은 그렇게 그를 다시 붙들고 다시 붙잡고 이전과는 형식을 달리하는 그의 소명의 핵심적인 진행 과정 안으로 그를 다시 되돌려 놓으신다.

그리고 우리는 여기서 하나님의 행위에서 가장 현저하게 설명적인 사실들을 발견한다. 하나님은 인간의 자유를 존중하시지만 그럼에도 하나님의 계획 가운데 인간에게 부여되었던 역할을 다하게 하신다. 바로 거기에서 우리는 포기와는 전혀 다른, 하나님의 인내의 진정한 특성을 발견한다. 하나님은 우리가 치과병원에서 우리의 순서를 기다리며 참듯이 참으시는 것이 아니다. 그분의 인내는 각 사람을 지탱하고 하나님의 길 안에서 그를 진보하게 하는 것과 마찬가지로, (두 가지 의미에서) 세상을 지탱하고 정해진 목표를 향해 세상을 진보하게 하는 적극적인 능력이다. 또한, 그것은 이 진보가 그들만의 사실이 되고 그들의 경험과 연구와 선택의 열매가 되도록, 세상과 모든 사람에게 필요한 모든 시간을 허용하는 능력이다.

또한, 이것은 우리에게 특별히 요나의 책임에 대해 조명해 준다. 다시 말해서 무엇보다 유대민족의 책임, 즉 우리 각자의 책임에 대해서이다. 왜냐하면, 요나가 결국 자신의 유죄성을 인정하는 것을 얼마든지 거부할 수 있기 때문이다. 그는 하나님께 도전하여, 아니라고 말하기를 계속할 수 있다. 이 경우, 그는 무슨 일이 일어날 줄안다. 그 선박이 사람들의 화물과 함께 침몰할 것이다. 이것은 바로 우리들의 상황이다. 만일 우리들의 세상을 짓누르는 공동의 위험 안에서 그리스도인들이 자기 직무를 회피한다면, 만일 측량할 수 없는 은혜를 받은 그리스도인들이 그 은혜를 세상에 전달하기를 거절한다면, 다른 사람들, 이방인들, 비그리스도인들, 우리가 거하는 진기한 경험 안에 사는 사람들이 멸망할 것이다. 그리스도인들은 진기한 경험의 동반자들 운명까지도 자신들의 손안에 붙잡고 있다는 것을 알아야 한다. 나는 내 단어들의 무게를 재면서 이 말들을 쓰고 있다. 만일 이 동반자들이 죽는다면, 그것은 불의가 아닐 것이다. 왜냐하면, 무엇보다도 그들이 다른 사람들보다 낫지 못하며 그들이 정죄를 받아 마땅하기 때문이다. 그러나 끔찍한 것은 불의가 아니라 그들이 애초부터 은혜의 참여자가 될 수도 없었다는 사실이다. 그리고 만일 그들이 이 정죄 가운데서 죽는다면, 그 책임은 더는 그들 자신도 아니고 하나님도 아니고 요나에게 있는 것이다. 그는 하나님 앞에서 그들에 대하여 전적으로 책임을 져야 한다. 그리고 그때는 정말로 좋지 않은 상황일 것이다.

우리는 에스겔 33장에서 이 상황에 대한 모든 설명을 이미 가지고 있다.

그러나 만일 요나가 유죄선고를 받아들인다면, 만일 그리스도인이 세상에서 자신의 특별한 직무를 완수한다면, 선원들이 구원받을 것이다. 그것은 더 나아가 선박을 구조하기 위해 수행된 모든 항해의 기술적 노력이 거기에서부터 의미가 있게 된다는 것을 뜻한다. 배를 다루려고 수행한 모든 조작은 쓸모없는 것이 아니었다. 그것은 시간을 벌어주었고, 그들에게 한 말씀을 실행하고 담당하며, 또한 그것을 통해 필수불가결한 은혜를 획득할 시간을 요나에게(언제나 지각하는 그리스도인들에게) 남겨주었다.

그때부터 모든 인간적인 방법들의 가치와 효율성이 여기에 나타난다. 실제로 그것들은 기다림의 방법들로, 은혜가 개입할 순간을 기다리는 것이다. 그것들은 하나님의 인내의 또 다른 측면이다. 시대의 시작부터 수행된 인간의 이 거대한 노력은 시간의 시작 이전에 인간에게 허락된 이 거대한 은혜와의 대화이다. 그러나 이 대화의 인물 중 한 사람도 빠져서는 안 된다.

4. 최초의 예언

요나는 자신에 대한 유죄선고를 수용한 사람이다. 그는 스스로 이것을 선고한다. 그는 그를 정죄하는 하나님의 뜻이 옳다는 것을 인정한다. “폭풍을 불러온 것이 바로 나라는 것을 내가 안다.” 그는 하나님이 정당하시고 이치에 합당하시다는 인정한다. 그리고 선원들은 이 말을 듣자 그들의 죄를 떠넘기기 시작한다. 그들은 요나에게 그것을 떠넘긴다. 심지어 그들은 살인에 참여하는 것도 꺼린다. 그들은 자신들이 죄인이 아니라는 것을 확신하고 싶었기에 모든 죄책을 요나에게 떠맡긴다. 이러한 관점에서 요나는 진실로 희생양의 역할을 담당한다. 그리고 그가 완수한 희생은 그들을 구원한다. 바다가 잠잠해진다. 그는 그들을 인간적으로 물질적으로 구원한다. 그의 잘못 탓에 그들이 익사하지는 않을 것이다. 그러나 또한 더 나아가 그가 영적으로 하나님 앞에서 그들을 구원한다. 왜냐하면, 하나님이 열납하신 요나의 희생은 선원들의 눈에는 요나때문에 그들이 회심할 만큼 대단한 증언이다.

이와 같은 간단한 관계는 이 책의 선지자적인 첫 번째 성격을 우리에게 분명히 드러나게 한다. 왜냐하면, 여기에서 서술된 것들을 정달로 완수한 사람은 요나가 아니다. 결론적으로 요나가 우리에게 하나의 모범, 즉 기독교적 태도의 모범이라는 사실은 거의 중요하지 않다. 그것은 선원들이 구원을 받는 것이 우리에게 중요하지 않은 것과 마찬가지이다. 요나가 완수할 수 없었지만, 그의 태도가 예시한 것을 예수 그리스도가 완수하셨다. 그분은 자신을 향한 유죄선고를 전적으로 수용한 분이시다. 그분은 자신을 정죄하신 하나님이 의로우시다는 것을 인정한 분이시다. 그분은 사람들을 죽음, 즉 물질적이고 영적인 죽음에서 끌어내신 분이시다.

요나의 이야기가 역사적으로 사실이든 아니든, 그것은 요나의 선지자적 특성을 절대적으로 변하게 하지 못한다. 예언이 요나의 삶에 대한 사실들로 구성되든 아니면 성령의 영감을 받은 가상의 이야기이든, 중요한 것은 그 예언이 예수 그리스도를 가리킨다는 것이다. 그리고 그분으로 말미암아 이 이야기는 사실이고 요나가 우리와 관계가 있게 된다.

물론 요나와 예수 그리스도 사이에는 커다란 차이점들이 있다. 요나는 죄를 지었고, 요나는 하나님의 뜻을 행하는 것을 원치 않았다. 물론이다. 다윗이나 여호수아가 예수 그리스도가 아닌 것처럼, 요나는 예수 그리스도가 아니다. 그러나 그는 예수 그리스도의 모형들의 기다란 계통에 포함된다. 각각의 모형은 하나님의 아들이 총체적으로 어떠한 존재일 것인지에 대한 한 측면을 나타낸다.

그리고 이 예언과, 우리가 이미 첫째 장에서 도출한 교훈들 사이에 있는 관계를 우리는 세심하게 주목해야 한다. 첫 장에서 이미 본 바는, 만일 자신의 유죄선고를 스스로 받아들인 사람의 희생이 그의 주변에 있는 다른 사람들을 구원할 수 있다는 것이 사실이라면, 하물며 그 희생된 자가 하나님의 아들이고 하나님 자신일 때, 이것이 얼마나 더 분명한 사실인가 하는 점이다. 이것은 그리스도의 죽음의 효과 안에서 우리를 굳건하게 한다. 그러나 정확한 이 유추가 그 의미를 전적으로 가지려면 뒤집히기도 해야 한다. 왜냐하면, 자신에 대한 정죄의 수용이라는 사실 자체가 인간의 구원을 유발한다는 것이 전적으로 사실이라 할 수 없기 때문이다. 이 균형은 본래 갖추어진(내재적) 균형이 아니다. 자신이 정죄를 받고 죽으면 폭풍이 잠잠해질 것이라고 요나가 확신할 수 있게 하는 것은 아무것도 없었다. 우리는 여기에서, 어찌되든 간에 그 뜻을 누그러뜨려야만 하는 알지 못하는 신들에 대한 속죄제물의 메커니즘에서 멀찍이 벗어나 있다. '어찌 되든 간에' 이것은 선원들의 태도이다. 요나는 "나는 안다"욘1:12고 말한다. 요나가 바다를 진정시킬 하나님의 뜻에 기대를 건 것은, 기계적인 연쇄작용을 생각한 것이 아니다. 그가 의지한 것은, 요나가 말씀을 전달하도록 선택받았을 때처럼, 그가 이미 알았던 자유의지이다. 그것은 선한 의지의 준거이며, 바로 이 점에서 요나는 선지자이다. 하나님의 뜻은 선하시고, 하나님은 인간을 잃거나 죽게 하시기 위해서가 아니라 인간을 구원하시기 위해 움직이신다는 것을 우리에게 확증하신 예수 그리스도와 다를 바 없다. 그러므로 오직 예수 그리스도의 희생 때문에 요나의 희생이 유효하고 구원하는 것이 된다. 오직 예수 그리스도가 저주를 받아들이셨기 때문에 요나의 수용이 선원들에게나 우리에게 어떠한 의미가 있다.

그리고 요나의 선지자적 특징은, 희생자를 살해하려고 하는 자들의 성찰들을 비교할 때 다시 한 번 강조된다. 선원들은 의로운 자를 죽이는 것을 두려워한다. 그들은 범죄자가 되길 원치 않는다는 것을 증언하고 요나의 피가 그들의 머리 위로 돌아오지 않도록 요청하려고 하나님께 호소한다. 예수를 정죄한 자들이 정반대로 피의 복수를 받아들인다고 선언한다. "그 피를 우리와 우리 자손에게 돌릴찌어다" 마 27:25 이러한 태도의 차이는 요나와 예수 사이, 하나님께 불순종한 사람(죄 중에 있는 사람이며, 그 죄가 그분을 죽인 죄를 의미하는 것은 아니다)과 하나님의 뜻을 성취한 사람 사이에 있는 차이를 표현한다. 사람은 그분 앞에서 죄인일 수밖에 없으며, 그의 피, 영원토록 우리를 정결케 하는 그의 피는 우리 머리 위로 돌아온다.

2장

주님이 큰 물고기를 보내시다

2장 · 주님이 큰 물고기를 보내시다

요나서 제2장

1. 요나가 물고기 뱃속에서 주 하나님께 기도드리며
2. 아뢰었다. "내가 고통스러울 때 주께 불러 아뢰었더니, 주께서 내게 응답하셨습니다. 내가 스올 한가운데서 살려 달라고 외쳤더니, 주께서 나의 호소를 들어주셨습니다.
3. 주께서 나를 바다 한가운데, 깊음 속으로 던지셨으므로, 큰 물결이 나를 에워싸고, 주의 파도와 큰 물결이 내 위에 넘쳤습니다.
4. 내가 주께 아뢰기를 '주의 눈 앞에서 쫓겨났어도, 내가 반드시 주님 계신 성전을 다시 바라보겠습니다' 하였습니다.
5. 물이 나를 두르기를 영혼까지 하였으며, 깊음이 나를 에워쌌고, 바다풀이 내 머리를 휘감았습니다.
6. 나는 땅 속 멧부리까지 내려갔습니다. 땅이 빗장을 질러 나를 영영 가두어 놓으려 했습니다만, 주 나의 하나님, 주께서 그 구덩이 속에서 내 생명을 건져 주셨습니다.
7. 내 목숨이 힘없이 꺼져 갈 때에, 내가 주님을 기억하였더니, 나의 기도가 주께 이르렀으며, 주님 계신 성전에까지 이르렀습니다.
8. 헛된 우상을 섬기는 자들은, 주께서 베풀어 주신 은혜를 저버립니다.
9. 그러나 나는 감사의 노래를 부르며, 주께 희생제물을 바치겠습니다. 서원한 것은 무엇이든지 지키겠습니다. 구원은 오직 주님에게서만 옵니다."
10. 주께서 그 물고기에게 명하시니, 물고기가 요나를 뭍에다가 뱉어 냈다.

만일 누군가 2장의 일반적 주제에 관해 묻는다면, 그 요점은 매우 명료하고 매우 단순하다. 벌 받은 사람이 회개한다. 그가 하나님을 향해 돌아오고, 하나님이 그에게 당신의 용서를 허락하시고, 그를 구원하신다. 그러나 성서의 역사서에서 빈번하게 반복되는 이와 같은 일반 진리에 머무는 한, 이 텍스트의 범위와 깊이는 현저하게 훼손된다.

1. 바다와 물고기

요나가 성난 바다의 물속으로 던져진다. 그런데 우리는 구약성서에서, 교회에 전해진 물의의미를 항상 기억해야 한다. 물은 언제나 삼킴과 죽음의 의미가 있다. 그러나 동시에 물은 하나님의 영의 임재와 긴밀하게 연결돼 있다. 이것은 일반적으로 확인된 사항에 속하는데, 하나님의 계시에서 전적으로 부정적인 상징은 결단코 없다. 왜냐하면, 하나님의 행동은 결코 부정적이지 않기 때문이다. 대부분의 상징은 양면적이며, 죽음을 가리키는 상징이 생명의 약속을 그 안에 담고있다. 창조 이야기의 시작부터 우리는 물들이 공허, 아무것도 아닌 것, 지옥을 상징하는 것을 보았지만, 거기에만 머물러서는 안 된다. 하나님의 신이 수면을 운행하셨다.

대량의 물과 마주친 모든 사람에게 그것은 마찬가지일 것이다. 물은, 홍해의 모세와 요단강의 여호수아에게 그러했던 것처럼, 홍수 속의 노아에게 죽음과 삼킴의 능력이었다. 이 물속에 잠긴 사람은 정말로 죽음 속에 잠기고, 이 물을 건너는 사람은 정말로 죽음을 건넌다. 그러나 사람이 자신의 고유한 힘과 자신의 고유한 운동으로는 물을 건널 수 없다. 이 능력과 만날 때, 사람은 자기 존재의 모든 것을 다 잃어버린다. 만일 거기서 벗어난다면, 만일 그것을 건넌다면, 하나님이 그에게 자신의 영을 주신 것이고, 성령이 물과 관련되시고, 성령이 죽음의 사역 가운데서 신비하게 역사하신 것이다. 비둘기의 임재, 구름의 임재, 언약궤의 임재. 성령이 사람을 파멸로부터 끄집어내어 생명으로 다시 인도하기 위해 거기에 존재한다. 그러나 그때 이 사람은 실제로 죽었다가 실제로 다시 살아나는 것으로, 새로운 시작이 그에게 제공된다. 그는 새로운 피조물이다. 우리는 계시의 시작부터 침례세례의 영원한 의미를 확인한다.

요나가 물속에 잠기고 나서, 찬미 중에 그가 우리에게 말한 것은 실제로 죽음이 관계된 것이란 점을 분명히 보여준다. 사용된 모든 용어가 의미심장하다. 그는 깊음 속에 던져졌다.욘2:3 그런데 이 용어는 우리말에서처럼, 일반적이거나 모호하지 않고 정확한 의미가 있다. 그것은 일종의 공허인 최초의 혼돈으로 돌아가는 것이다. 마찬가지로 요나는 그를 둘러싼 물의 흐름, 그를 에워싼 강을 말하는 것이다. 거기에서 우리는 아주 전통적인 이미지를 다시 발견한다. 그 시대의 유대 사상에서, 죽은 자들의 거처는 파괴의 격류라는 이름을 가진 강이 둘러싼다. 성서에서 여러 차례에 걸쳐 이에 대한 언급이 나타나는 것은예를 들어 시18:5, 삼하22:5-6 이것이 단순한 우연이 아니라 정확한 의미가 있는 이미지의 모형이라는 점을 나타낸다.

끝으로 요나가 사용한, "산들의 뿌리들," "땅의 빗장들"욘2:6이라는 기이한 묘사는 단순한 시적 표현 이상은 아니지만, 이스라엘인에게는 의미가 있는 말이다. 왜냐하면, 죽은 자들이 머무는 장소인 스올이 실제로 산들 속에 있기 때문이다. 그것은 빗장들과 자물쇠들이 있는 한 문에 의해 닫혀 있다.겔38:11, 욥38:17 따라서 요나는 그의 찬미에서 말하자면 일반적이고 전통적인 물의 의미를 강화하고 있다. 또한, 마지막

고찰도 이 점을 공고히 한다. 욘2:4 내가 말하기를 "내가 주의 목전에서 멀리 쫓겨났다." 여기에서 우리는 다시 죽음에 대한 강한 긍정과 마주한다. 죽음은 요나에게 하나님의 버림을 수반한다. 죽음 앞에 선 자는 말한다. "나는 당신에게서 멀리 쫓겨났다." 또한 역으로 하나님에게서 멀리 쫓겨난 자는 정말로 죽음 가운데 있다. 심지어 그러한 자만이 진실로 죽음 가운데 있다. 그는 그렇게 되지 않을 수 없다. 왜냐하면, 죽음은 정확하게도 사람이 하나님을 버린 것과 그분과 단절한 것과 결별한 것에 대한 가시적 상징이고 형벌이기 때문이다. 죽음과 대면한 예수 그리스도 자신도 "어찌하여 나를 버리셨나이까?"라는 것 외에 다른 아무 말씀도 하지 않으셨다. 비록 하나님이 언제나 거기 계시고, 그것이 외형상에 불과한 것이지만, 그러나 죽음이 진실로 죽음이 되려면 이 단절이 결코 중단될 수 없다. 그리고 요나는 이 단절에 대해 울부짖는다. 죽음 안에서, 그는 이 단절이 의미하는 바를 결국 이해했다. 하나님을 버리려고 떠났던 그가, 다른 신들을 찾았던 그가, 죽음이 복종보다 낫다고 생각했던 그가 이제 하나님에 의한 단절이 진실로 무엇인지 이해하게 된다. 자신이 먼저 하나님을 버렸기에, 하나님이 그를 버리시는 것을 매우 쉽게 수용했다. 그러나 이제는 하나님이 그를 버리셨기에, 그는 여기, 가득한 비참 가운데 있다. 그는 그때 죽음이 무엇인지 진실로 알게 되고, 어떠한 것도 하나님에 의해 버림받는 것보다는 낫다는 것을 이해하게 된다.

물고기가 삼키다

그러나 그가 아직 고통의 극한은 알지 못한다. 하나님이 큰 물고기를 보내신다. 그 물고기의 이름을 찾고 그것이 어떠한 종에 속할 수 있는지 알려고 동물학적 가능성을 찾는 것은 쓸모없는 일이다. 지중해에서 이러한 괴물이 발견된 적이 있는지 따져보는 것도 쓸모없는 일이다. 문제는 거기에 있지 않다. 이 물고기는 무엇에 대한 상징인가?

어떤 이들은 이것을 은혜의 상징으로 본다. 간략히 말하면 하나님께서 물고기로 하여금 요나를 삼키게 하심으로 그에게서 죽음을 피하게 하셨다는 것이다. 요나가 살아있고, 비록 고래의 배속에 갇혀 있지만, 위험으로부터 구출된 상태라는 것, 이것이 그 물고기의 출현을 기적으로 설명하기 원하는 모든 사람의 공통 된 견해이다. 왜냐하면, 이 기적이 요나를 구원하기 위해 실현됐기 때문이다. 이것은 또한 이 이야기를 자연적인 정황에 의해 설명하기 원하는 사람들의 입장이기도 하다. 예를 들어 "고래"라는 이름을 가진 선박이 요나를 거두어들였다는 것이다. 그러나 이처럼 추론하는 것은 무엇보다 본문 자체를 무시하는 것이다. 그 물고기는 "삼키기" 위해 보냄 받은 것인데, 이 '삼키기'는 파괴의 더 강화된 의미, 즉 살해의 의미가 있다. 그 물고기는 결코 구조의 수단이 아니며, 그것은 반대로 삼킴을 통해 바다가 요나에게 했던 일을 확증한다. 또한, 이러한 견해는 예수님이 친히 제시하셨고 우리가 연구해야 하는 그 해석을 무시하는 것이다. 마지막으로 이것은 성서에 나타난 바다 괴물에 대한 전통적인 의미를 무시하는 것이다. 거대한 바다뱀이나, 용 또는 바다에서 올라오는 짐승은 성서에서 하나의 구체적인 성격을 나타낸다.

여호와가 아모스의 입술을 통해 선포한 심판 중에 다음과 같은 것이 있다. "(그들이) 내 눈을 피하여 바다 밑에 숨을지라도 내가 거기서 뱀을 명하여 물게 할 것이요." 암9:3 또한, 거꾸로 그 백성에게 허락된 구원의 약속들, 종말론적 의미가 있는 약속 중에 다음과 같은 것이 있다. "그날에 여호와께서 그 견고하고 크고 강한 칼로 날랜 뱀 리워야단 곧 꼬불꼬불한 뱀 리워야단을 벌하시며 바다에 있는 용을 죽이시리라." 사27:1

욥의 리워야단욥3:8, 1)과 베헤못욥40:15, 2)과 계시록의 무저갱으로부터 올라오는 짐승계11:7을 다시 불러내는 것은 쓸모없는 일이다. 그렇지만, 이것은 같은 동물이다. 요나를 삼킨 것이 바로 그 물고기이다.

모든 경우에 그것은 파괴의 능력과 멸절하는 능력을 나타내며, 하나의 상징으로 볼 때, 그것은 영적으로 멸절시키는 능력이다. 우리는 사슬이 풀린 짐승의 힘과 대면한 것이거나, 악의 힘, 악마 그 자체의 힘과 대면한 것이다. 이것은 결단코 이 괴물이 사탄이라는 것을 말하는 것이 아니다. 그 괴물은 사탄과 역할이 같지 않다. 그러나 그것은 악마의 사슬이 풀린 공격적인 능력이다. 다른 한편, 하나님이 명령하실 때, 예를 들어 처벌하시기 원하는 자들을 하나님이 파괴하라고 명령하실 때, 우리는 이 사슬이 풀린 능력이 하나님께 순종해야만 한다는 것을 안다. 요나의 경우가 이에 해당한다. 이 능력을 사용하시는 하나님이 그 능력의 고유한 의미 안에서 그 능력을 사용하신다. 하나님은 멸절하기 위해 그것을 사용하신다. 참으로 우리는, 마지막 때에 하나님이 새로운 창조 안에서 어떠한 위치도 갖지 못하는 이 능력을 멸하실 것이라는 것을 알아야 한다. 따라서 이 큰 물고기의 개입은 은혜의 상징이나 물에서 구원받은 요나의 상징이 전혀 아니다. 오히려 반대로 그것은 심판의 절정이고 사망 증명서에 찍힌 도장이며 치명적인 것의 임재이다. 그것은 정확히 영벌이다. 그 물고기는 진실로 지옥이다.

---

1) 역주: 우리말 성서에서는 '악어'로 번역되었다
2) 역주: 우리말 성서에서는 '하마'로 번역되었다

이처럼 요나는 임종의 고통과 죽음을 건너갔다. 그리고 그는 하나님으로부터 총체적으로 떨어져 나간 인간을 처벌하기 위해 하나님이 예비하신 이 지옥에 도달한다. 나는 이것이, 예를 들어 우리 삶에서 발견되는 것과 같은, 지옥에 대한 주관적 관념이라고 생각하지 않는다. 이것은 반대로 매우 객관적인 의미에서 유죄 선고를 받은 사람의 총체적인 고독의 진정한 장소이다. 그는 죽음에서 모든 관계의 단절과 모든 소망의 폐쇄와 폭풍 한가운데 있던 괴물의 뱃속과 같이 이 세상에서 근본적으로 떨어져 나간 하나의 세상을 발견한다. 어떠한 도움도 더는 가능하지 않으며, 하나님은 하늘에 계신다. 이것은 어떤 감정이나,(랭보[3]는 "나는 지옥에 있는 나 자신을 느낀다."고 말했다) 어떤 상대적인 진기한 경험(폰 파울루스[4]가 스탈린그라드에서 말했다. "이것이 진정한 지옥이다." 그러나 분명히 그가 '진정한' 이라고 말했기 때문에 그것은 진짜가 아니다)을 말하는 것이 아니다. 이것은 요나가 만난 절대적인 지옥이다. 이것은 다른 한편 그가 찾았던 것이다. 왜냐하면, 그는 하나님이 계시지 않는 장소를 찾았기 때문이다. 혹자는 우리에게 때때로 나타나는 이러한 청허聽許, 소원을 들어주기의 아이러니를 보여줄지도 모른다. 요나는 진실로 하나님에게서 떨어진 곳, 더는 말씀을 듣지 않는 곳에 가길 원했다. 그는 지금 그곳, 지옥에 있다. 그러나 그가 가길 원했던 곳은 거기가 아니었다. 그렇지만, 그곳은 그의 욕망에 응답하는 유일한 장소이다. 그러나 아직 전적으로 그런 것은 아니다. 왜냐하면, 이 지옥이 그 물고기가 그러하듯 하나님의 말씀에 순종하기 때문이다. 하나님은 여전히 그곳의 지배자이시다. 그래도 요나에게 장벽이

3) 역주: 19세기 후반 프랑스의 상징파 시인
4) 역주: 2차 대전 때 독일의 사령관으로 스탈린그라드 전투를 지휘함

철저하다는 점은 변함이 없다. 그렇지만, 그의 기도가 그 장벽을 넘어가게 될 것이다.

실제적인 죽음

이 모든 것은, 심지어 그 물고기의 기적이 수용할만한 것이라 해도 그리고 나로서는 그러한 기적의 가능성에 대해 아무런 반대도 하지 않지만, 이 이야기가 우리에게 역사적 정보를 제공하려는 목적이 있지 않다는 것을 다시 한 번 드러낸다. 하나님의 능력이 그와 같이 나타날 수 있다는 것은 매우 분명하다. 그러나 이 기적이 현실에서 의미하는 바를 측정해야 한다. 만일 그 이야기에서 진술된 사실들이 단지 사실들에 불과한 것이라면, 만일 그 사실들이 단순하게 역사적으로 전개된 것이라면, 요나가 실제로 죽음으로 내려간 것은 아니며 그가 실제로 지옥에 들어간 것은 아니다. 따라서 우리는 그가 그의 찬미에서 말한 모든 것을 심각하게 받아들일 수 없다. 그가 부풀려 말한 것이기 때문이다. 따라서 이 모든 것은 과장법과 동양적 허풍과 시적 상상력의 범주에 속한다. 우리는 그의 말을 정말로 진리의 표현이라기보다는 열광적인 찬송으로 간주할 수 있을 뿐이다. 더 나아가 그것은 거짓말이다. 왜냐하면, 나중에 요나가 “나는 있다. …”(나는 내려가 있다 등등) 고 말할 때, 그것은 그가 사실들을 확증한 말들이지만, 그 사실들이 현실과 들어맞지 않기 때문이다. 따라서 이것은 “내가 할 뻔했다 …” 라고 해석해야 한다. 그러나 말일 우리가 사실들을 이러한 방식으로 고려한다면, 만일 요나가 단지 죽을 뻔했다면, 만일 그가 단지 크게 두려워했다면, 만일 효과적으로 개입한 그 물고기가 그를 죽음에서 구했다면, 이 이야기에서 참된 의미를 모두 제거하는 것이 된다. 그 이야기는 예언적 성격을 상실한다. 요나와 관련된 그 이야기는 더는 우리와 관련이 없게 된다. 우리가 여기에서 어떠한 교훈을 도출할 수 있을까? 하나님이 원하시는 순간 그 괴물을 만드시는 그분의 전능하심에 대한 교훈일까? 그러나 이것은 예수 그리스도에 이르는 계시의 계열에 비하여 너무나 가볍고 동시에 너무나 상반된다. 큰 의미가 없는 기적을 보존하기 위해 우리는 본문이 내포하는 계시를 파괴한다.

내 생각으로는 죽음과 지옥을 지칭하기 위한 성서적 상징의 계통 내에서 물과 물고기를 고려할 때 우리가 이 본문을 훨씬 더 진지하게 받아들이게 된다. 그리고 요나가 실제로 죽음과 맞닥뜨렸고, 그가 죽었고, 지옥에 들어갔다고 본문이 우리에게 말할 때, 우리는 그것을 믿어야 한다. 게다가 이 순간 우리에게 주어진 그 이야기는 본보기가 된다. 그것은 우리 각자에게 유효한 것이 된다. 왜냐하면, 비록 요나의 진기한 경험이 우리에게 일어날 위험성이 없지만 죽음은 우리 모두를 기다리기 때문이다. 이처럼 이 본문이 완전한 가치를 취하는데, 이것은 전통들과 예수 그리스도에 의해 부여된 것이기도 하며 이에 대해서는 앞으로 살펴볼 것이다.

그러나 의심할 여지없이 이러한 주장을 말로 표현할 때 특별히 신중해야 한다. 왜냐하면, 그러한 주장이 성서의 모든 책에 옳은 것이 아니며 모든 이야기에 맞는 것도 아니다. 이 주장들은 다른 모든 성서에 따른 계시와 들어맞고 그 계시의 계열을 변화시키지 않는 한에서만 옳은 것이 된다. 어쨌든 우리는 은밀한 열쇠들이나 전통들과 같은 것이 아니라, 성서 자체를 사용하여 상징들을 해석해야 한다. 하나님의 계시가 담는 이러한 연속적 사상에 본문들을 접근시킴을 통해, 우리가 사실들의 최대치를 사실로서 간직해야 한다는 점을 언제나 잊지 않으면서도, 상징적인 무엇인가가 있을 수 있다는 것을 이해하게 된다. 왜냐하면, 계시는 언제나 육화되어야 하기 때문이다. 따라서 유일한 해석 방법이란 있을 수 없다. 성서가 다양한 범주에 속하는 것처럼, 해석에서도 예수 그리스도라는 불변하는 중심 계열에서부터 출발하여 큰 융통성을 가진 채 다양한 범주들이 공존해야 한다.

2. 요나의 찬미

주석가들은 2장에 나오는 시편에 대해 매우 엄격하다. 이 시편은 이 이야기의 원래적이고 진정한 요소일 수는 없는 것처럼 보인다. 여기에는 어떤 언어학적 논증들이 있지만, 그것들은 그 논증 안에 들어갈 필요가 없는, 매우 불분명한 것들이다. 왜냐하면, 최근의 연구들이 히브리어의 진화에 대한 고전적인 관념을 어느 정도 뒤집었기 때문이다. 우리가 이 모든 것을 옆으로 제쳐놓아도 손해 볼 일이 없다. 그러나 이 시편의 가치를 부정하는 중요한 논지는, 이것이 부르짖음과 요청의 시편이 아니라 감사와 찬양의 시편이라는 사실에 있다. 물고기의 뱃속 깊이 있는 그의 위치가 편안할 수는 없지만 요나는 거기에서 탈출시켜 달라고 절대 요구하지 않는다. 그러나 만일 우리가 현실주의적 의미에서 그 이야기를 대한다면 요나가 정말 괴물의 뱃속에서 살아야 했던 것은 오랜 시간이 아니었다. 만일 우리가 전술한 바와 같이 진정한 의미에서 그 이야기를 대한다면, 지옥에 들어간 요나는 최악의 상황 가운데 있는 것이다. 그럼에도, 하나님께 호소하는 요나는 그곳에서 구출해 달라거나 자신을 용서해달라고 요구하지 않는다. 반대로 그는 구원받은 것으로 말미암아 하나님을 찬양한다. 왜냐하면, 그가 구원받고, 하나님과 화해하고, 하나님의 은혜를 재발견하였기 때문이다. 일견하기에 이 모든 것은 용납할 수도 없고 이해할 수도 없다. 여기에는 아주 단순한 답이 가능하다. 최초에 요나 이야기는 단지 사실들만 포함했다. 즉, 물고기에 의해 삼켜진 요나가 하나님의 명령에 의하여 해변에 다시 던져진 것이 이야기 전부이다. 그 이후 어떤 필사자 또는 어떤 주석가가 하나님의 결정을 설명할 방법을 찾다가 요나의 진기한 경험과 상당히 들어맞는 어떤 시편을 발견했고, 그 이야기를 설명할 목적으로 오늘날 우리가 아는 위치에 그 시편을 삽입했다고 추정할 수 있다.

내 견해로는 이 해석은 두 개의 심각한 반대에 직면한다. 첫째는 만일 우리가 이 본문을 제거한다면 요나 이야기 전체가 대단히 강조하는 사람과 하나님 사이의 관계가 깨어진다는 것이다. 따라서 이 부분은 신적 독단에 대한 귀류적 증명(부조리한 증명)이 된다. 만일 그 주석가가 본문을 수정했었을 것이라고 주장한다면, 그가 왜 보다 오래된 설명을 이 시편으로 대체했는지 알 수가 없다. 이 모든 것은 있을 법하지 않다.

그러나 또 다른 반론은 이보다 더욱 심각하다. 이 해법을 상상하는 역사가는 습관적으로 이 본문을 수정한 주석가들이 기련하다고 생각했다. 왜 그들은 이토록 들어맞기 어려운 본문을 선택했을까? 왜 그들은 더욱 잘 들어맞도록 본문을 수정하지 않았을까? 특히 왜 그들은 동사의 시제를 바꾸지 않았고, 하나님이 요나를 이미 구원하셨다는 명백한 언급들을 제거하지 않았을까? 만일 주석자들이 정말로 본문을 조화시키지 않고 단지 삽입하는데 그쳤다면, 그것은 한심한 작업이다. 그런데 예수 그리스도보다 몇 세기 앞선 시대에 살았던 랍비들의 인내심과 숙련성과 박식함과 능수능란함을 알게 될 때, 그들이 그와 같은 무지와 미숙함을 할 수 있다고 가정하는 것은 완벽하게 우스꽝스러운 일이 된다. 또한, 만일 우리가 그것이 가능한 편집자를 가정한다면, 요나서의 저자 자신이 여기에서 배제될 이유가 어디 있는가? 하나는 다른 하나보다 더 그럴싸하지 못하다. 실제로 이 가정을 포기하고 본문을 전체적으로 다루는 것이 훨씬 나은 일이다. 그와 같은 본문의 수정을 말하는 것은 다른 방법으로는 정말로 그 본문을 설명할 수 없을 때에만 용납될 수 있는 것처럼 보인다. 선험적으로 그 본문은 참되다는 생각을 하고 출발하여 본문의 심오한 의미를 발견하려고 애쓸 필요가 있으며, 오직 여기에 도달하지 못할 때만이 본문의 개작이라는 진기한 경험적인 가정들 속으로 뛰어들 수 있다.

찬미의 의미

그런데 우리의 가정 안에서 이 시편에 대한 설명이 존재하는가? 우리는 내재적 필요성과 심오한 의미의 관점에서 그 시편이 제안하는 난점들을 해결할 수 있는가? 분명하게 그렇다. 내가 보기엔 아무런 어려움 없이 그렇다. 당시 구원받지 못하고, 가장 낮은 비참함, 즉 지옥 가운데에 있는 요나는 갑자기 하나님의 은혜의 영속성을 발견한다. 실제로 여기에서 우리가 소유하는 것은 은혜의 영속성에 대한 시편이다. “가로되 내가 받는 고난을 인하여 여호와께 불러 아뢰었삽더니 주께서 내게 대답하셨고 …”

이것은 사실이 아니다. 만일 우리가 요나의 기도에 대한 응답이 물고기의 배에서 벗어나는 것, 즉 지옥에서 벗어나는 구원이라고 생각한다면, 요나의 요청은 응답받지 못했다. 이것은 사실이다. 만일 우리가 그 응답이 우리의 고통과 비극들과 상황들 전체를 담당하시는 하나님이 그 문제를 맡으시는 것으로 생각한다면 그는 응답을 받았다. 그 은혜가 누구에게나 어디서든지 부족하지 않기 때문에 그는 응답을 받았다. 비록 실제적이고 가시적이며 개인적인 표적이 없다 해도 그에게 은혜가 허락되었다. 자신의 상황이 절망적인 순간, 그는 기다릴 것이 명백하게 아무것도 없을 그때에, 요나가 이 하나님의 은혜와 다시 만난다. 그가 하나님의 선택을 거부한 이후, 그의 도피는 분명히 은혜 밖으로 나가는 것이었다. 사건들이 전개되지만, 거기에는 어떠한 호의적인 개입도 볼 수 없으며 단지 심판만이 나타난다. 그런데 갑자기 그가 자신의 유죄 판결을 받아들였을 때, 자신은 죄인이며 하나님은 의로우시다는 것을 하나님 앞에서 인정했을 때, 그는 바로 그때에 하나님이 어느 순간에도 그에게 은혜 베푸시기를 그치신 적이 없었다는 것을 배운다.

지옥의 정죄 아래서 그로 하여금 "당신이 나에게 응답하셨다"고 말할 수 있게 하는 이 신실함을 그가 발견한다. 우리는 하나님을 향한 돌이킴 속에서 하나님이 어떤 분인지에 대한 재발견의 현장을 목격한다. "나는 회개하고, 당신은 은혜를 베푼다"는 식의, 서로 주고받는 일종의 교환이 아니다. 오히려 하나님은 처음부터 은혜를 베푸셨다. 사람이 하나님께 돌아올 때 그분은 변하지 않으신다. 그분은 자신의 감춰진 긍휼을 빛나게 하시고, 그분의 일반적이고 영원한 축복을 가깝고 현재적인 것으로 만드는 일에 만족하신다. 이 모든 변화 가운데에서, 이 논쟁에서, 요나의 이 추락에서, 그 은혜는 결코 요나에게 부족하지 않았다. 그러나 그가 정말로 그것을 알아차린 것은 지옥 안에서였다.

그리고 이 지나간 시간은 이 은혜가 영속적일 뿐 아니라 영원하다는 것을 의미한다. 그 은혜가 그에게 베풀어진 것은 말씀이 그에게 임하였을 때가 아니다. 그것은 영원토록, 즉 그의 인생의 상황들이 전개되기 전, 그가 순종하거나 거절하는 선택을 하기 전, 그가 그러한 하나님의 말씀에 귀를 기울이기 전, 하나님의 백성에 속함과 하나님의 뜻인 율법을 알기 전, 그의 눈이 뜨이기 전, 그의 입술이 부르짖기 전, 그의 인간적인 삶의 모든 실재가 있기 전부터이다. 요나가 이 은혜의 대상이었던 것은 영원토록이었다. 이제 그가 깨달은 것은 물고기 뱃속의 빛, 지옥 안에 갇힌 살아있는 실재이다.

아무것도 요나에게 그것을 증명하지 않는다. 어떠한 사실도 이 지식을 확증하지 않는다. 그는 구원의 가장 작은 실마리조차 갖지 못했다. 그러나 그가 회개할 수 있고, 스스로 정죄할 수 있고, 의로운 재판관의 평결을 인정할 수 있다는 사실, 단지 바로 그 사실 안에서, 요나는 "당신이 나를 구원하셨습니다"라고 단언하기에 충분한 이유를 발견한다. 인간의 위대한 결심이 작용하는 것은 바로 이 지점이다. 타락 이후로 자연인은 다음 한 가지만 말할 수 있다. "그것은 나의 잘못이 아니다. 타인의 잘못이며 하나님의 잘못이다." 창세기에서 아담과 이브가 우리 각 사람에게 그와 같이 말한다. 그런데 "그것은 나의 잘못이다"라고 말하는 순간, 그 은혜의 메스가 종기를 이미 꿰뚫었고 출구가 없는 상황을 해결했다.

물론 이 고발을 자기 고발이나 마조히즘과 같은 병적인 편집증과는 구별해야 한다. 은혜가 이러한 거꾸로 뒤집기를 시행하는 것은 환자에게가 아니다. 건강하고 완강하며 균형 잡히고 전투적인 사람에게 그 은혜는 십자가의 밑동을 뒤집는다. 자기 고발은 그 은혜의 사역에 대한 사탄의 모방이다. 왜냐하면, 인간의 본성을 되돌리고 인간을 겸손과 회개로 이끌려면, 성령의 능력이나 사탄의 능력보다 모자란 것으로는 안 되기 때문이다. 바로 이 거꾸로 뒤집기가 요나로 하여금 그 은혜의 사역을 인정하게 한다. 혼자서는, 그가 배 위에서 말한 것을, 혼자서는 말하는 것이 불가능했다. 혼자서는 그는 잠을 잘 수밖에 없다. 그러나 하나님이 그의 마음에 역사하셔서 요나가 그와 같이 인정한 어마어마한 회심을 이루게 하신다. 그렇지만, 하나님이 그 이후에 회심한 사람에게 시험들과 정죄와 죽음을 절대 면제하지 않으신다. 하나님이 추적하신 자들은 사람들의 관점에서 특혜자들이 아니었다. 그러나 그들은 무슨 일이 일어나든지 자신들의 회심을 이르어 낸 그 은혜를 의거할 수 있다는 것을 안다.(강한 의미에서의 돌이킴) 그리고 이 돌이킴이 요나로 하여금 자신의 요청이 이미 응답받았고, 그의 구원이 이미 실재라는 것을 말하게 한다. 지옥의 깊은 곳에서 그는 주의 성전을 볼 것에 대해 더는 의심하지 않는다. 그는 감사한다. 진실로 우리가 하나님 사랑의 존속을 이해할 때 우리는 그 외에 다른 어떤 것도 할 수가 없기에 이것은 감사의 시편이지 요청의 시편이 아니라는 것을 이해하게 된다. 그가 무엇을 더 요구하겠는가? 다른 모든 것은 어찌 됐든 요나 곁에 머무시겠다는 하나님의 위대한 결정 옆에 있는 사소한 것들이다. "하나님이 우리를 위하신다면 누가 우리를 대적할까?" 물고기로부터 구함을 받는 것이 요나에게는 더는 가장 중요한 것이 되지 않는다. 그가 과거에 대해 말하는 것을 우리는 이해한다. 왜냐하면, 하나님이 과거에 행하신 이 행위가 충분하다는 것을 그가 깨달았기 때문이다. 그가 그분의 사랑 가운데서 항상 임재하시는 이 하나님을 의지하기 때문에, 이미 시작되었기에 해피엔딩으로 인도함을 받을 것이라 확신하는 어떤 행위를 그는 의지한다. "내 입에서 나가는 말드 헛되

이 내게로 돌아오지 아니하고 …"[5]

마지막으로 또 다른 사실이 이 해석을 확증한다. 요나는 하나님의 사랑의 영속성과 영원성을 이해했다. 그리고 그가 니느웨를 정죄하러 가는 일을 순종할 때, 그는 자신 안에 이러한 생각을 간직할 것이다. 그것은, 하나님이 니느웨를 파괴하지 않으신다는 것을 깨닫게 되었을 때 그가 하나님께 행한 반응을 설명해준다. 그는 하나님이 죄인을 포기하지 않으신다는 것을 잘 알고 있었다. 왜냐하면, 그가 경험했기 때문이다.

따라서 우리는 이 시편이 제기하는 어려움에 대한 충분히 단순한 설명을 한 것이다. 그 설명은 성서에 따른 계시의 계열을 따르고, 성서에 따른 계시와 요나의 본문에 속한 것이다. 그것은 우리에게 본문이 이해되지 못하는 정도만큼 전개되는 주석적 이론을 절약할 수 있게 한다.

요나의 이 고통은 진실로 모든 인간의 고통이다. 요나는 예외적인 진기한 경험을 겪은 것이 아니다. 바다 속과 물고기 속으로 들어간 요나는 죽음과의 최종적인 투쟁만이 아니라 인생의 위기 속에 있는 우리 각자의 상황이다. 왜냐하면, 하나님과 결별하기를 원하기 때문에 영적으로 죽은 사람은 광란하는 바다 속에 물리적으로 삼켜진 사람과 커다란 차이가 없다.

모든 사람은 나락 위에서 산다. 파도 위의 요나처럼 멸망과 죽음의 이중적 지옥 위에 산다. 그리고 성서가 우리를 가르치는 바는 그 지옥

5) 역주: 사55:11

이 밑바닥 없는 단순한 구멍이 아니라는 것이다. 그것은 소유하려고 애쓰고 하나님의 피조물을 파괴하려고 애쓰는 적극적인 능력이다. 사람들이 죽음을 의인화한 것은 일리가 있다. 죽음은 더수의 법칙[6]이 지배되고, 심장의 멈춤으로 나타나는 복권福券의 일종이 아니다. 그것은 각 사람에게 개별적으로 찾아와서, 사탄적 능숙함을 가지고 실제로 그에게 남은 것이 아무것도 없는 날까지, 그의 삶을 점진적으로 침범하고, 그것을 갉아먹고, 그것을 낭비하며, 그것을 해체하고, 그것을 부식시키는 힘이다. 우리는 우리의 죽음과 변함없는 관계들 가운데 있으며, 우리가 시간에 고정되려고 노력할 때, 마치 요나가 폭풍 속에서 헤엄치려고 노력한 것처럼 이 지옥의 힘에 맞서 싸우려고 노력한다. 그리고 마찬가지로그 심연은 우리를 일상적인 유혹으로 껴안는다. 우리에게 치명적인 함정을 늘어뜨리고, 우리 안에 하나님의 말씀과 우리에게 베풀어졌던 하나님의 은혜에 대한 의심을 유발하고, 하나님이 우리 안에 조성하신 확신을 순간마다 파괴한다. 이 이중적인 공격이 우리를 지옥으로 안내한다.

때때로 우리가 심연으로 명확하게 인정하는 심연과 우리는 만난다. 그때는 우리 인생의 위기가 나타나는 순간들이다. 그것은 경건하고 거룩한 삶의 순간적인 파괴이자 삶의 고통에서의 몸부림이다. 그러나 또한 심연의 패배로 성취되는 구원론적 위기이며, 공허함을 만난 치아의 소음과 함께 닫히는 입이다. 그것은 은혜에 의해 구원받은 사람이요 부활한 사람이다.

---

6) 역주: 표본집단의 크기가 클수록 모집단의 통계학적 특성을 더 나타내는 통계학적 법칙

완료와 미완료

매우 잘 알려진 사실을 다시 환기한다면, 요나의 시편이 계시 전체와 일치하는 가르침을 여전히 우리에게 제공한다는 것이다. 만일 우리가 이 본문을 다시 대한다면, 심연의 행위와 관련된 모든 것은 과거시제다. "큰 물결이 나를 에워쌌고 … 깊음이 나를 에워쌌고 … 땅이 빗장을 질러 나를 영영 가두어놓으려 했습니다." 욘2:3; 5; 6. 표준새번역 우리가 이미 알게 된 것처럼, 요나는 구원받지 못하고 심지어 가장 나쁜 상황 즉 지옥 가운데 처하게 된다. 그리고 지옥의 능력은 그를 향해 조금도 약해질 기색을 보이지 않는다.

반대로 하나님의 행위는 이 시편에서 과거시제와 미래시제로 묘사된다. "주께서 내게 응답하셨습니다. 주께서 나의 호소를 들어주셨습니다. 주께서 내 생명을 건져주셨습니다. 내가 반드시 주님 계신 성전을 다시 바라보겠습니다. 주께 희생을 바치겠습니다. 나는 완수하겠습니다. 구원은 옵니다." 욘2:2; 4; 6; 9. 표준새번역 이것은 실제로 성서에서 우리가 매우 자주 확인하는 것이다. 사망과 사탄과 지옥의 일에 대해 말할 때, 그것을 과거 시제로 말한다. 그리고 반대로 하나님의 일에 대해 말할 때는 미래시제로 말한다. 그러나 그것은 여기에서 단지 번역에 불과하다. 이러한 시제 대립의 의미를 바르게 이해하려면, 히브리어 문법에서는 단지 완료와 미완료라는 두 개의 시제밖에 없다는 사실을 기억해야 한다. 완료는 완성되고 성취되고 종료되어 더는 수행되지 않으며, 그것의 발전이 없을 행위를 가리키는 시제다.(불어에서는 그것을 일반적으로 과거시제로, 그리고 때때로 반과거로 번역한다) 미완료는 수행되고 계속되는 행위,과거에 시작되었고 지금도 계속되며, 불확정적인 시간 동안 미래에도 지속하는 행위를 가리킨다. 따라서 미완료는 불어의 반과거와 현재와 미래를 단숨에 포괄한다. "그는 있었고, 그는 있고, 그는 온다." 예수 그리스도와 관련된 이 표현은 이 영속성을 나타내는 히브리어 동사의 단 하나의 시제로 표현된다.

따라서 우리는 대부분의 심연의 행위는 성서에서 완료시제이며 하나님의 행위는 미완료시제라는 사실을 밝혀둔다. 우리의 시편이 이 규칙을 확인한다. 풍성한 교훈을 주는 이 단순한 동사의 형태가 요나와 우리에게 무엇을 의미하는가? 첫째로 지옥의 행위가 성취된 일이란 것이다. 그것은 존재하며 우리는 명백한 현실과 함께 그것을 보며, 우리는 바다 속의 요나처럼 완전히 그 안에 있다. 이 행위의 현실과 하나님의 너무나 비현실적 은혜 사이에서 공통된 척도는 전혀 없는 것처럼 보인다. 치명적 공격은 우리 각자에게 구체적이고 명백한 것이다. 그것은 다른 한편 치료가 불가능한 것, 즉 과거에 속한 것으로서 우리가 아무것도 바꿀 수 없다. 그것은 첫 번째 타락 즉 원죄다. 그것은 영 단번에 이루어졌고, 우리의 선한 의도나 선한 의지, 우리의 지성과 미덕이 어떠하든지 간에 이 온전한 일, 즉 우리 각자에게 틀림없이 재생산되는 타락과 사망의 일을 바꾸지 못할 것이다. 왜냐하면, 그것들은 강력한 힘을 사용하여 우리보다 먼저 이르렀고 우리는 우리 자신이 절대적으로 바꿀 수 없는 과거에 종속하기 때문이다.

그러나 우리는 이 과거의 또 다른 의미를 강조할 필요가 있다. 이 사망의 일은 성취되었다. 그것은 미래가 없다. 의심할 여지 없이 그것은 사람에 의해 다시 문제시될 수 없으며, 그것은 또한 종료되었다. 그것은 이미 만기, 즉 그 결말이 도래했고 더는 발전할 수 없으며, 더는 다른 어떤 것을 만들어낼 수 없다. 사탄도 지옥도 사망도 더는 활동적이지 않다. 우리가 그 결과들을 겪고 있지만, 이 영역에서 새로운 어떤 것도 발생할 수 없다. 우리 각자에게 다시 시작되는 것은 영원히 같은 역사이지만 거기에서 초월이란 있을 수 없다. 심연은 그 자신조차 초월할 수 없는 경계들에 도달했다. 그것은 자기 무기를 가질 뿐, 다른 무기들을 만들 수 없다. 그것은 자기 권능을 가지고 있지만, 그것을 발전시킬 수 없다. 그것은 아마도 자신의 제물을 가지고 있지만, 그 숫자를 늘릴 수는 없다. 그것은 존재했던 것에서 자신의 모든 자원을 끌어내지만, 그것 때문에 그의 능력은 제한된다.

반대로 하나님의 일을 미완료시제로 묘사할 때, 태초부터 시작된 이 일이 수행되고, 발전하며, 중단 없이 하나님의 새로운 주도하심에 의존한다. 하나님의 일은 그 앞에 미래가 있다. 그것은 한번 해보고 포기하는 노동이 아니다. 그것은 창조주가 감수하는 요행이 아니다. 그것은 하나님의 사랑으로 언제나 새로워지는 길들을 따라 성취해가는 장엄한 진기한 경험이다. 모든 미래는 주님께 속한다. 그분은 미래를 다른 누구와도 나누지 않으신다. 그래서 우리는 심연과 주님 사이에 가능한 어떠한 싸움도 발견하지 못한다. 후자는 전자를 무한하게 초월한다. 그분이 원하신다면 한마디 말씀으로 그것을 멸절하실 것이다. 싸움이란 있을 수 없고, 대부분의 우주진화론자가 주장하는 것처럼 하나님은 어떠한 순간에도 악마에 의해 위험에 처하시지 않는다. 지옥은 다른 모든 것처럼 하나님께 순종한다.

그리고 이것은, 비록 그가 현재 사탄의 사역 속에 잠겨 있긴 하지만, 주님의 사역은 그의 믿음과 소망의 대상이라는 것을 인간에게 의미한다. 왜냐하면, 그것은 이미 착수되었고 비록 여전히 보이지는 않지만, 그것의 성취를 향하여 그리고 그것의 완성을 향하여 나아가고 있기 때문이다. 지옥 위에 있는 인간이 처한 상황은 더는 최종적인 상황도, 최악의 위험한 상황도 아니다. 우리가 지옥에 대하여 두려워할 수 있는 모든 것은 이미 실현되었으며, 우리는 그 사실을 안다. 분명히 그 위험은 여전히 두려워할 만한 것이지만 해결책이 없는 것도 아니고 소망이 없는 것도 않다. 그것은 무엇보다 제한적이다. 야수의 이빨들이 닳아지고 그것은 쇠사슬의 끝에 붙잡혀 있다. 그러므로 스올 밖으로 인간을 끌어내는 일이 진실로 성취될 것이라는 것을 우리가 완전히 확신할 수 있다. 그 일에는 여전히 발전해야 할 모든 부분이 남아있다. 그리고 가장 위대한 기적들은 여전히 아주 작은 시작 상태에 불과하다.

이것이 요나의 시편에 나타난 시제의 대립이 의미하는 바이며, 이것은 또한 성서의 나머지 부분에서도 역시 확인이 된다.

진정한 회심

요나가 부르짖고 하나님께 감사할 때, 그는 지옥의 바닥에 있다. 그는 죽음에 도달했다. 그는 내쳐지고, 심판받았다. 그렇지만, 그는 여전히 하나님께 말을 하고 하나님은 그의 기도를 들으신다. 하나님은 그를 출구가 없는 이 상황에서 벗어나게 하신다. 그러나 여기에서부터, 죽은 자들의 상황이 변화할 수 있고, 죽은 자들이 공로적 일들의 수행을 지속할 수 있고, 우리들의 기도가 그들의 운명을 바꿀 수 있으며, 그들이 일종의 연옥에 있다는 주장을 도출해서는 절대로 안 된다. 요나는 연옥이 아니라 지옥에 있다. 다른 모든 해석은 다른 본문들에서 거부되고 부인되기에, 그것을 주장하는 것은 쓸모가 없다. 어쨌든 이 이야기는, 이것이 예언서 본문이라는 것을 기억해야만 우리가 이해할 수 있다는 사실에 대해 또 다른 증거를 부가하는 것이다.

요나가 자신의 유죄 선고를 받아들인 바로 그때, 그가 그분 자신이 원하는 모든 것을 하시는 이 위대하시고 전능하신 하나님을 선원들 앞에서 고백했을 때, 그리고 그분의 심판에 복종했을 때, 그는 다시금 하나님과 연결되었다. 이 순간에 그는 하나님과 함께 있었다. 그가 이 극단적인 위기에서 "하나님을 기억했고" 욘2:7. 표준새번역 하나님이 응답하셨다. 그리고 요나가 죽음 속으로 빠져들 때, 그가 지옥으로 빠져들 때, 그는 하나님에게서 더는 떨어지지 않는다. 우리 편에서의 가장 작은 움직임을 통해 하나님이 우리를 위해 끈기 있게 다시 세우시는 이 관계가 회복될 때, 아무것도 우리와 우리의 구원자 사이에서 더는 장애가 될 수 없다. 하나님이 대양의 밑바닥에서 요나와 함께 하신다. 하나님이 고래의 뱃속에서 요나와 함께 하신다. 하나님이 죽음 속에서 우리 각자와 함께하신다. 그리고 모든 인간적 관계들이 단절될 때, 코마 상태 속에서 인간적 행동이 멈추어질 때, 단발마적 고통, 즉 이 보이지 않지만, 결정적인 씨름이 굳어진 가면 뒤에서 계속될 때, 이것은 최후의 시험이며,(예수가 경험한 바로 그 시험, 허무의 창백한 손들 가운데로의 명백한 단절) 동시에 구원자와의 마지막 대화라는 것을 우리는 알 수 있다. 지옥은 이 전능하신 주님에게 순종할 뿐만 아니라 그분에게 열려 있다. 우리가 지옥으로 한 걸음씩 들어올 때마다, 우리를 홀로 두지 않으시려고 하나님은 똑같은 걸음으로 그 안으로 들어오신다. 예수님 자신이 죽은 자들의 거처에 계셨고, 그분이 친히 지옥에 내려오셨기에 우리는 이것을 확신한다. 예수님은 이 단발마의 고통, 이 똑같이 버림받음을 아셨으며, 지옥의 문들이 그분 앞에서 열렸다. 그리고 단테가 말한 것처럼, 하나님의 보내신 자를 지나가시게 하려고 지옥의 가장 강한 성의 가장 비밀스런 벽이 무너졌다. 그리고 그때부터 그 터진 틈은 언제나 열려 있다. 지옥은 더는 닫혀 있지 않으며, 그것은 더는 사탄이 자신의 승리들을 보존하는 강력한 장소가 아니다. 지옥이 자신의 확실성들을 빼앗겼다.

요나가 괴물의 뱃속에서 그와 같이 하나님께 말할 수 있었던 것은 구약에서도 같은 예를 찾기 어렵다. 그는 자신이 지금 있는 바로 그 장소에 예수님이 오시는 것을 선지자로서 예고하는 것이기 때문에 그렇게 할 수 있었다. 예수님은 아버지가 그에게 맡기신 단 한 사람도 포기하시지 않는다. 그분은 그들이 있는 곳으로, 그들이 심판받는 가장 깊은 곳으로 그들을 찾으러 가신다.

요나에 대해 우리가 말한 모든 것은 우리 각자에게 옳은 것이며, 동시에, 교회가 위험 속에서 몸부림치고 자신을 죽음 가운데, 세상 가운데 빠져 있다고 생각할 때 그것은 옳은 것이다.

그러나 하나님을 향한 요나의 이 시편은 여전히 우리에게 성찰을 제안한다. "내 영혼이 내 속에서 피곤할 때에 내가 여호와를 생각하였더니"라고 요나가 말한다. 욘2:7 실제로 그가 여호와를 기억한 것은, 요나가 위에서 대략 서술한 이 극적인 딜레마 속에서, 즉 죽음을 마주할 때이다. 그때 하나님이 응답하신다. 그분은 필요에 사로잡힌 인간의 호소에 응답하신다. 어떤 이들은 그 후 요나가 방향 선회한 것에 대해, 그의 회심이 진정한 회심이 아니고 곤경 중에 형성된 외적인 회심에 불과한 것이라는 사실을 가지고 설명하려고 한다. 우리는 이것이 아무것도 설명하지 못한다는 것을 보게 될 것이다. 그러나 위험 중에 하는 기도와, 고통이나 극단적인 상황으로 말미암은 회심은 아무것도 아니라는 것이 사람들의 보편적인 생각이다. 여기에서도 사람은 그의 판단에서 하나님보다 훨씬 더 비타협적이고, 훨씬 더 완고하다. 그 어느 것도, 극단적인 상황에서 이루어진 이 요나의 회심을 우리가 멸시하도록 허용하지 않는다. 반대로 하나님은 그것을 진지하게 받아들이신다. 하나님은 곤경 가운데 있는 사람과 고통당하는 사람과 죽음 앞에 있는 사람의 호소를 언제나 진지하게 받아들이신다. 아마도 하나님이 진지하게 받아들이지 않으실 것은, 자신의 행운을 높이 평가하고 친절로 치장된 교만함 가운데서 신에 대한 가정을 받아들이는 사람의 차갑고 이성적이며 계산적인 결정이다. 여호와가 받으시는 회심이 이해관계가 있는 회심인 것은 명백하다. 모든 회심은 이해관계가 있다. 자신의 삶과 죽음이 그분과 이해관계를 맺지 않는다고 누가 감히 말할 수 있을 것인가? 얼마나 우스꽝스러운 이상주의가, 우리가 죽음과 모든 방식의 위험에 처해 있는 것과는 다른 이유로 말미암아 회심할 수 있을 만큼 우리를 순수하고 영적이며 객관적으로 만들겠는가? 자기 스스로 이러한 추상적이고 이상주의적인 회심을 주장하는 것은 하나님께 적합한 희생제물, 즉 공명정대한 인간 자체를 바친다고 주장하는 것이다. 그러나 그것은 결국 그리스도와 맞바꾸길 원하는 것이고, 교만의 절정에 다다르는것이다. 하나님이 들으시는 부르짖음이 터져 나오는 것은, “더는 이처럼 지속할 수 없어서” 사람의 길을 바꾸는 회심이 이루어지는 것은, 심연과 질병과 고통의 밑바닥에서부터, 깨지고 절망적인 마음으로부터, 하나님이 들으시는 부르짖음이 상달되고, 사람의 길을 바꾸는 회심이 이루어진다. 사람이 삶의 방식을 바꾸겠다고 결심하는 순간, 즉 그가 하나님을 기억하는 순간, 언제나 어둠 가운데 더 깊이 들어가던 그의 길이 갑자기 빛을 향해 방향 전환을 하고 현기증 날 정도의 상승하게 된다. 진실로 하나님은 우리의 선한 감정들이 아니라, 하나님 외에 다른 어떤 것도 의뢰할 수 없는 사람의 절망적인 호소에 응답하신다. 하나님은 단순히 사람이 불행하고 의지할 데가 없어서 응답하신다. 그러나 분명하게도 사람에게 스스로 벗어날 방법들이 있는 한, 그는 하나님께 부르짖지 않고 하나님은 그에게 오시지 않는다. 사람이 희망들과 수단들로 단련되는 한, 그는 반드시 혼자서 그 문제를 푼다고 주장한다. 그는 기술적인 수단들과 국가와 사회와 돈과 과학을 발명한다. 다른 한편 그는 우상들과 마술과 철학과 영성주의를 만들어낸다. 그리고 이 모든 것은 그의 희망을 자신 안에 두고, 스스로 자기 삶을 이끌어가며, 자기 운명을 지배하는 데 사용된다. 결국, 이 모든 것은 그가 하나님께 등을 돌리는 데에 사용된다. 그에게 모든 방법에 대한 신뢰의 희미한 빛이 남아있는 한, 사람은 그것들을 하나님께 맡기기보다는 그것들에게 자신의 삶을 걸기를 선호한다. 선원들이 항해술로 그 배를 구하려고 애쓰는 한, 요나는 잔다. 진실로 모든 의지할 바가 부서지고 모든 해결책이 실패하고 도발의 능력이 자신의 가능성을 엄청나게 뛰어넘어야만, 사람은 하나님께 돌아가는 것에 동의하게 된다. 사람이 개인적인 응답으로서 하나님을 기억하게 되는 것은 문명의 엄청난 도구를 잃어버렸을 때이다. 그런데 사람이 이 수단들을 신뢰하는 한, "헛된 우상을 섬기는 자들은, 주께서 베풀어 주신 은혜를 저버린다." 욘2:9. 표준새번역 사람이 국가나 돈에 자기 목숨을 거는 한 그는 자신을 향한 자비를 알지 못한다. 왜냐하면, 그의 삶을 돕는 이 우상들은 자비가 없는 우상들이기 대문이다. 그것들은 실제로 사람에게 많은 것을 줄 수 있다. 진실로 그것들은 사람의 많은 문제를 해결할 수 있고 행복과 능력과 심지어 미덕과 선을 그에게 허락할 수 있다. 그러나 그것들은 그에게 꼭 필요한 자비를 그에게 줄 수 없다. 왜냐하면, 그것들은 마음이 없는 우상들이기 때문이다. 그것들과 함께 세울 수 있는 사랑의 관계는 없고, 단지 소유의 관계들만 이 있다. 그리고 하나가 사랑하면, 다른 하나는 소유한다. 돈이나 국가를 사랑하는 사람은 그것들로부터 사랑을 받지 못한다. 그는 소유된다. 따라서 인간의 근본적인 문제 중 어느 것도 이 능력들에 의해 해결될 수 없다. 왜냐하면, 사람은 결국 단 한 가지, 사랑받는 것만 필요할 뿐이기 때문이다. 사랑받음은 용서받음과 동시에 그 자신보다 높아짐을 포괄한다. 어떠한 우상(특히 에로스의 사랑의 우상)도 그렇게 할 수 없다. 그러나 사람은 실제로 우상의 헛탄한 것을 다 소진하고 난 후에야, 실망한 이후에야, 진실로 그가 발가벗은 채 무자비함과 마주할 때에야, 그가 황량한 세상 가운데에서 세상이 더는 그에게 줄 수 없는 이러한 자비를 호소할 때에야 비로소 이것을 알고 이해한다. 그때 하나님이 이 빼앗긴 사람에게 요나에게 하신 것처럼 응답하신다. 그리고 요나는 그때 이 자비가 어디에 있는지, 누가 그것을 자신에게 줄 수 있는지를 배운다. 그리고 그는 실제로 자비로우신 단 한 분에게 그의 삶에서 부르짖었기에 그 자비를 받는다.

3. 두 번째 예언

제2장은 예언적 본문이 대단히 풍성한 장이다. 다시 한 번 위에서 말한 모든 것은, 그 모든 것이 예수 그리스도의 예언이라는 한도에서만 사실이라는 점을 상기하자. 다른 한편 우리가 말한바, 즉 요나서 전체에서 예언의 진정한 재료를 형성하고 예수 그리스도를 참조하게 하는 것은 요나의 인격이라기보다는 그가 처한 상황이라는 사실이 확인되는 것도 역시 주로 본 장에서이다.

여기서 예언이 여러 가지 양상으로 제시되는데, 우리는 그 중요한 요소들을 다음과 같이 간략히 개괄하고자 한다.

첫째, 요나가 이처럼 지옥으로 들어간 것은 하나님과 결별하는 것이다. 그는 하나님이 없는 사람의 태도를 보였고, 이러한 맥락 안에서 그는 버려짐의 모든 것을 알게 된다. 그러나 그는 또한 그분 자신이 하나님이지만 우리와 함께 하시기 위해 하나님 없는 자가 되었던 분(예스 그리스도)에 대한 증인과 선지자이다. 그는 사람들의 지옥으로 내려오시기 위해 자신의 우월성을 포기하신 예수의 겸비와, 지옥에까지 가시려고 십자가에 달리신 예수님의 버려짐에 대한 선지자이다. 요나가 예수님에 대한 증인과 선지자라는 것은, 그가 여전히 하나님께 기도할 수 있는 것은 예수님이 이미 지옥의 권세를 아버지께 복종케 하셨기 때문이라는 사실에서만 나타나는 것은 아니다. 그것은 예고된 예수님의 진기한 경험에서 이미 진실로 그러하다. 요나에게 일어난 일이 예수에게 일어난 것이다. 왜냐하면, 예수님이 스스로 인간의 충만을 취하셨기 때문이다. 그리고 우리는 여기에서 그리스도 안에서 모든 사람의 연합이라는 불가해한 신비와 마주한다. 모든 사람이 아담 안에서 죽지만 모두가 그리스도 안에서 부활한다. 바로 이러한 이유로 우리 각자를 위한,(우리의 삶과 우리의 개인적인 문제들을 위한) 그리고 이스라엘과 교회를 위한 교훈으로 가득 찬 요나의 이야기가 동시에 예수 그리스도에 대한 예언서이다. 예수님은 진실로 우리 각자의 삶을 사신다. 그리고 요나의 모든 존재, 그의 버려짐과 그의 반항과 그의 비참과 그 후 하나님과의 모든 대화가 그리스도에 의해 담당 되고 메시아인 구원자의 삶과 행위에 대한 예언으로 변환된다. 역으로 이것은 그리스도에게 일어난 모든 일이 사람에게 일어나야 하는 것에 대한 계시이다. 그리스도가 예수 안에서 우리들의 진기한 경험들과 조건을

옷 입으시지만, 그에 대한 교환으로 그분은 자신의 거룩성과 공의를 우리에게 나눠주신다. 요나서가 본질적으로 예언적인 것은 바로 이러한 이중적 관계에 대해서이다. 요나서가 예언적이라고 말할 때, 그것은 단지 성령의 영감을 받은 사실만을 가리키지 않는다. 그보다 훨씬 중요한 것이 있는데, 그것은 성령의 행위이다. 왜냐하면, 이 책에 나타난 그리스도와 우리 각자 사이의 관계에 대해 우리가 방금 말한 것은 성령의 임재를 암시하기 때문이다. 우리가 성령에 의해 예수 그리스도 안에서 하나님의 공의의 교통을 받아들인다. 우리는 바로 그 성령의 임재를 지옥 밑바닥의 시편에서 확인한다.

예수님의 선언

그러나 가장 중요한 요소는 이 진기한 경험을 자신에게 관련시키는 예수의 명시적 선언이다. 바리새인이 기적을 행하라고 요구하자 예수는 그들에게 이렇게 대답한다. “악하고 음란한 세대가 표적을 요구하지만, 이 세대는 예언자 요나의 표적 밖에는 아무 표적도 받지 못할 것이다 요나가 사흘 낮과 사흘 밤 동안을 큰 물고기 뱃속에 있었던 것과 같이, 인자도 사흘 낮과 사흘 밤 동안을 땅속에 있을 것이다. 심판 때에 니느웨 사람들이 이 세대와 함께 일어나서, 이 세대를 정죄할 것이다. 니느웨 사람들은 요나의 전도를 듣고 회개하였기 때문이다. 그러나 보아라, 요나보다 더 큰 이가 여기에 있다.” 마12:39-41 누군가 예수님께 “시대의 상징”을 요구했을 때, 이와 똑같지만, 더욱 짧은 대답이 마태에 의해 두 번째로 진술이 된다. 그분은 요나의 표적 밖에는 보여 줄 표적이 없다고 대답하셨다. 여기서는 이전과 똑같은 말씀을 다시 마주칠 필요가 없다. 예수님은 이전 질문보다 더 구체적이지만 실제로 이 대답을 가정하는 질문에 똑같은 대답을 하신다. 마16:4 마지막으로 누가는 예수님의 대답을 조금 다른 의미로 진술한다. "무리가 모였을 때에 예수께서 말씀하시되 이 세대는 악한 세대라 표적을 구하되 요나의 표적밖에는 보일 표적이 없나니 요나가 니느웨 사람들에게 표적이 됨과 같이 인자도 이 세대에 그러하리라 … 심판 때에 니느웨 사람들이 일어나 이 세대 사람을 정죄하리니 이는 …" 눅11:29-32 본문의 마지막은 마태복음 본문의 마지막과 유사하다. 누가의 본문은 니느웨인들의 회심과 직접적인 관계에 있는 요나의 기적에 대한 언급이 상세하지 않다. 요나의 설교를 언급했던 마태는 그렇게 하지 않았다. 그럼에도, 물고기의 뱃속에서의 삼일 낮과 삼일 밤은 누가복음에서도 분명하게 암시된다. 이 예수님의 말씀들은 우리에게 두 가지 질문을 던진다. 첫째는 예수님이 요나의 진기한 경험에 부여하는 예언적 성격에 대한 것이고, 둘째는 예수님 말씀의 진정한 의미에 대한 것인데, 이것은 겉으로 보기와는 달리 그렇게 분명하지 않다.

예언적 성격에 관해서는 문제가 상당히 단순하다. 예수님이 물고기의 뱃속에서 삼일 낮과 삼일 밤을 머물렀던 요나의 기적에 대해 말씀하실 때, 이것 외에는 다른 표적이 없을 것이라고 선언하실 때, 또는 확장된 관점에서 예수님이 이것을 땅속에서 삼일 낮 삼일 밤을 머무실 인자와 비교하실 때, 그분은 자신의 죽음과 매장과 부활을 겨냥하신 것이다. 이것은 또한 우리가 요나의 물고기에게 부여했던 해석을 확인하는 것이다. 하나님은 요나를 벗어나게 하신 것처럼 예수님을 지옥의 밑바닥에서 벗어나게 하신다. 예수 그리스도는 여호와의 권능과 사랑과 영구불변하심이 우리에게 명백해지도록, 모든 예언, 성령이 미리 예고하신 모든 것을 완전히 성취하신다. 그러나 다른 한편 요나가 발설한 바로 그 시편 본문이 이러한 의미를 조금 더 구체적으로 이해하게 한다. 곤경 중에 처한 요나의 영혼이 낙심했지만, 그의 기도는 하나님에게까지 올라갔다고 본문은 우리에게 말한다. 이것은 명백하게 겟세마네의 밤을 상기시켜준다. 마찬가지로 5절은 이 십자가 위에서 하나님에 의한 예수 그리스도의 버려짐을, 7절은 예수 그리스도의 지옥 강하를 상기시켜 준다. 이 모든 것에서 예수 그리스도가 확증하시고 확인하시는 바는, 그분의 아버지가 이 말씀들에 영감을 주셨다는 사실이다. 그분은 스스로 성서를 완성하셨기 때문에, 이 시편이 구원의 내용을 담은 성서라는 것을 우리에게 증명하신다.

그리고 우리의 본문은 하나님의 아들에게 일어날 일에 대해 분명하게 예고하고 거의 직접적으로 예언한 유일한 것이기에 각별한 권위와 동시에 성별聖別을 받게 된다. 그로 말미암아 우리는 이 본문을 더는 하가다의 경건한 이야기들 속에 버려둘 수 없다. 그것은 귀납적으로 예수 그리스도의 말씀들과 죽음 때문에 (구약성서의 다른 본문들 대부분 마찬가지지만, 그것들보다 더) 이러한 권위를 인정받았다. 그러나 정말로 놀라운 것은 겉으로 보기엔 그것을 그토록 신중하게 다루어야할 아무런 이유가 없는데도 불구하고, 그것이 특별하게 구별되었다는 점이고, 예수 그리스도가 오시기 4세기 전에 유대인들에 의해 그것이 별도로 떼어졌다는 점이다. 이를테면 그들이 예측할 수 없었던 예수 그리스도에 의한 성별을 위하여, 그것을 기다리며, 유대인들이 이 본문을 같은 범주의 다른 글들과 구별했다.

사실과 진리

그러나 우리는 또한 예수님이 하신 이 말씀의 의미를 찾아야 한다.

그분이 우리에게 요나의 표적이 이 악한 세대에 충분해야 한다고 말씀하신다. 요나의 표적 외에 다른 보일 표적이 없다고 하신다. 그리고 예수님은 유대인들 앞에서 자격증명을 위한 목적으로 기적을 베푸시는 것을 거부하신다. 왜 그러셨을까? 이 질문에 답하기 전에 전제적인 다른 질문이 즉시로 제기된다. 만일 요나의 기적이 실제로 일어나지 않았다면 이 예수님의 말씀이 도대체 무슨 가치를 가질 수 있을까? 우리는 이 기적이 아마도 역사적인 것이 아니지만, 즉 사실로서 발생한 것이 아니지만, 그 이야기는 예언적이며 어느 정도 상징적이라는 것을 증명하려고 노력했었다. 그러나 예수님이 이 기적을 인용하실 때에, 그분은 그것을 사실로서, 역사적인 것으로서 간주하시는 것 같다. 예수님이 인용하신 말씀이, 논쟁을 종결하기에 그리고 이 기적이 분명히 발생했다는 사실을 우리로 하여금 겸손하게 받아들이게끔 하기에 부족한 것인가? 토론하고 설명하는 대신에 경배하고 믿어야 하는 일이 남아 있다고 말할 수 있다. 그러나 이러한 견해는 나를 만족하게 하지 못한다. 이 포기는 전혀 겸손으로 보이지 않고 태만으로 보이며, 하나님께 대한 영광으로 보이지 않는다는 것을 나는 고백한다. 왜냐하면, 그것은 사실 성서를 탐색하는 것을 무시하는 것이기 때문이다.

예수님의 증언은 이와 같은 결론을 전혀 포함하지 않는다. 예수님은 역사와 지리와 과학들과 관련된 그 당시의 인간적인 오류들을 공유하셨다. 왜냐하면, 그분이 완전한 인간이셨기 때문이고, 그분의 눈이 자외선들을 보지 못하고 그분의 귀가 불가청음不可聽音들을 듣지 못하는 것처럼 과학적 자료들에 대한 특별한 조명을 가지지 않으셨기 때문이다. 그분은 자신의 인간적 본성으로 말미암아 다른 사람들처럼 생물학적, 심리학적, 지적 한계 안에 제한되셨다. 그러나 그분의 눈이 사람의 마음을 보셨고 그분의 귀가 하나님의 음성을 들으셨고 그분의 지성이 성서를 탐색하셨다. 이것은, 진리와 관련된 모든 것에 대하여 예수님이 신적 본성을 가지셨지만, 창조의 물질적 또는 비물질적 실재와 관련된 모든 것에 대하여는 그렇지 않다는 것을 의미한다. 이처럼 역사학 영역에서 예수님이 요나의 기적의 실재성에 대한 그 당시 유대인들의 믿음을 공유하셨다. 예수님이 역사비평이나 주석학을 하지 않으셨다는 것은(이것은 역사가들과 주석가들을 다시 겸손한자리에 앉힌다) 중요한 것이 아니다. 그러나 예수님은 이 이야기의 영적 의미와 예언적 성격에 대해서는 전혀 착각하지 않으신다. 그분의 교훈은 그 이야기에 포함된 진리와 관련되는 것이지 그 기적의 현실성과 관련된 것은 아니다. 이 기적이 발생했든 아니든 그것은 중요하지 않다. 왜냐하면, 중요한 것은, 그것의 영적인 의미 때문에 계시로 받아들여진 어떤 책 안에서 그분이 우리에게 말하여졌다는 사실 자체이기 때문이다. 중요한 것은 그분이 우리에게 하나님의 말씀으로 선포되었다는 것이다. 가치를 갖는 것은 기적 그 자체가 아니라 이 이야기에 포함된 하나님의 말씀이다. 우리는 마귀도 기적을 행하는 것을 잘 안다. 파라오의 마술사들도 모세가 행한 것과 똑같은 것을 행했다. 이 두 개의 카테고리를 구별하는 모든 것은, 전자는 우리에게 하나님의 말씀으로 그리고 하나님의 말씀에 의해 증거된다는 것이다. 하나님의 말씀이 기적에 말씀의 진정한 효과와 가치를 부여하지만, 그 역은 성립되지 않는다.

우리가 이 기적의 실재성의 문제를 중심적 문제로 삼는다면, 중요한 질문을 비켜 지나가게 된다. 우리가 믿어야 하는 것은 그 기적이 아니고 하나님의 말씀이다. 기적은 그 자체로서 무엇인가를 가져오는 것이 아니다. 참된 것은 기적이 아니라 하나님의 말씀이다.

우리 각자에게 제기되는 질문은 그와 같은 기적을 행하시기에 충분한 하나님의 능력을 믿느냐는 것보다 훨씬 심각한 것이다. 질문은 다음과 같다. 요나서에서 당신은 당신과 관련된 하나님의 말씀을 인정하는가? 이것은 한편으로 우리가 요나와 매우 흡사하며 심지어 우리의 피택 이후에도 우리는 현재 모습보다 우리 자신을 월등하게 만들 수 없다는 것을 의미한다. 그러나 다른 한편, 무엇보다 하나님의 말씀이 영적으로 예고하는 것과 예수 그리스도의 부활을 통하여 우리에게 약속된 생명을 우리가 믿을 수 있는가 하는 문제이다.

이것은 기적보다도 하나님의 말씀을 믿는 문제이다. 왜냐하면, 아무것에도 참여하지 않고도 요나의 기적을 믿는 것이 우리에게 언제나 가능하기 때문이다. 그것은 신문들이 어떤 비행기가 음속의 벽을 뛰어넘었다고 우리에게 말할 때 내가 그것을 믿는 것과 같다. 이것은 신심信心의 범주에 속하는 것이며 여전히 나의 밖에 머무는 것이다. 그리고 만일 하나님이 인간에게 가져오실 것으로서 이런 범주의 계시들만 하고 계셨다면 그분은 확실히 각 사람의 구원을 보장할 수 없으셨을 것이다. 반대로 진정한 문제가 요나서 안에 포함된 하나님의 말씀이라면, 내 인생에서 내가 문제시되고, 나는 더는 이 이야기를 하나의 이야기로만 볼 수 없게 되며, 그것은 예수 그리스도 안에서 하나님과 나의 관계들에 대한 이야기로 보게 된다. 그것은 더는 요나에게 일어난 기적의 문제가 아니라 나에게 일어난 기적의 문제가 된다. 그것은 더는 요나를 삼킨 큰 물고기의 문제가 아니라 내가 가는 지옥, 내가 이미 있는 지옥의 문제가 된다. 그것은 더는 하나님의 명령에 대한 이 물고기의 이상야릇한 복종의 문제가 아니라 예수 그리스도와 나의 부활 문제가 된다. 그리고 본문의 문제를 이처럼 이해하는 것은, 본문을 오용하는 어떤 저의가 있는 해석이 아니다. 왜냐하면, 그 본문은 실제로 다른 것을 의미하지 않으며 다른 것을 위해 서술되지 않았기 때문이다.

그리고 우리는 이 기적의 물리적 측면에 그처럼 집착하지 않는 것이 얼마나 더 중요한지를 않다. 만일 나의 죽음과 나의 부활이 거기에서 정말로 관련된 것이라면 내가 의거할 수 있는 것은 물고기 이야기가 아니다. 나의 구원과 나의 부활이 의지하는 것은 요나의 부활이 아니다. 요나의 기적은 나에게 어떤 것에 대한 보증도 아니다. 나의 구원이 의지하는 것은 내게 이 기적을 말씀해주시는 하나님의 말씀이다. 왜냐하면, 하나님이 내게 나의 구원이 오는 것을 선포하시기때문이다. 그리고 요나의 이야기 가운데서도 그분이 내게 그것을 선포하시며 거기에 이 이야기의 모든 진리가 있다. 그 진리는 역사적 사실의 실재와 호응하기 때문이 아니라 하나님의 말씀이기에 참된 것이다.

그러나 만일 그 진리가 역사적 사실을 진술하지 않는다면 우리는 성서가 착각하거나 거짓말을 한다고 말하고 싶은 생각이 들 것이다. 또한, 우리가 어떻게 이것을 신뢰할 수 있겠는가? 어떻게 예수님이 틀린 본문을 논거로 삼으실 수 있다는 말인가? 여기에서 또한 이것이 예언서의 본문이라는 사실을 상기할 필요가 있다. 즉 이것은 사람들의 역사에서 있을 것이나(통속적 예언에 속하는 것) 혹은 있거나 있었던 것(역사에 속하는 것)이 아니라, 그리스도 안에서 있을 것을 예고하시는 하나님의 말씀이다. 예언은 그것이 실현되고 성취되는 만큼만 실재성을 가진다. 이것은 우리가 분명하게 아는 바이다. 요나의 기적은 예수 그리스도의 부활의 기적 안에서 그리고 그것에 의하여 실재적이며 동시에 옳은 것이 된다. 기적 그 자체로는 아무런 가치나 신빙성이나 실재성이 없다. 그것은 예언이다. 그것은 성취될 때 참된 것이 된다. 그래서 예수님이 이 본문을 근거로 삼으실 수 있었다. 왜냐하면, 그분은 자신의 죽음으로 그것을 친히 인증하실 것을 아셨기 때문이다. 그래서 심지어 요나의 이야기가 전혀 발생한 적이 없다 해도 이 본문은 거짓말을 하지 않는 것이다. 이것은 요나의 진기한 경험이 예수의 진기한 경험이라는 것을 뜻한다. 그리고 이것은 우리로 하여금 두 번째 질문을 제기하도록 이끈다.

요나의 기적이 충분해야 한다

예수님은 자신의 대답을 통해 정확히 무엇을 말하려고 하셨을까? "요나의 기적(또는 표적) 외에 보일 기적이 없느니라." 인간은 기적들을 요구한다. 그는 언제나 그것들을 요구한다. 인간은, 만일 하나님이 이러한 기적을 행하신다면 자신이 믿을 것이라고 말하는 태도를 늘 견지한다. 그러나 하나님이 성취하신 기적들은 결단코 충분하지 않다. 예수님이 바리새인들에게 대답하실 때 그분은 이미 기적들을 행하셨다. 그분은 문둥병자와 앉은뱅이를 고치셨고 야이로의 딸을 다시살리셨다. 그러나 이 모든 것은 바리새인들의 눈에 중요하지 않았다. 지나간 기적은 더는 가치가 없다. 언제나 새로운 것이 필요하다. 세상이 제대로 돌아가지 않기에 인간은 하나님이 세상을 잘 돌아가게끔 하시기를 요구한다. 전쟁들과 굶주림이 있기에 인간은 하나님에게 세상의 질서를 바꾸시라고 요구한다. 그는 기적을 위한 기적, 인간 자신을 의한 기적, 엄밀히 말하자면 하나님을 시험하기 위한 기적을 요구한다. 그러나 이것은 결단코 충분한 시험이 되지 않을 것이다.

우리는 여기서 극적인 오해와 마주한다. 하나님이 행하신 기적은 시험이 아니라 그분의 사랑의 증거다. 그리고 이것은 인간이 요청할 수 있는 질서의 회복이 아니라 값없는 행위로서 이를 통해 하나님이 인간을 향해 오시는 것이다. 그런데 기적들을 요구하는 인간은 하나님의 모든 임재를 요구하지는 않는다. 인간은 자신에게 필요한 유일한 기적(우리와 함께 하시는 하나님)을 전혀 원하지 않는다. "이 악하고 음란한 세대가 기적을 요구한다. …" 이 세대는 기적을 요구하기에정말로 악하고 음란하다. 이 세대가 하듯이 기적을 요구하는 것은, 자신이 하나님으로부터 멀리 있고 은혜에 대해 낯선 상태이고 그분의 사랑과 결별한 것을 증명하는 것이다. 그렇지 않다면 이 세대는 기적이 아니라 하나님 자신을 요구했을 것이다. 이 세대는 증거들이 아니라 그분의 사랑을 외쳤을 것이다.

이와 같은 엄청난 오해 앞에서 예수님은 기적을 거부하신다. 기적을 행하는 것은 불필요하다. 왜냐하면, 그것은 이 세대를 회개시키는 것 대신에 이 세대가 음란 가운데 있는 것을 확증하는 것이기 때문이다. 이처럼 기술적, 사회적 기적에 탐욕스러운 우리 시대의 사람들은 이러한 영역의 기적들을 교회에 요구한다. 교회는 양보하지 말아야 한다. 요나의 기적이 예수 시대의 세대들에게처럼 우리 시대의 세대에게도 충분해야 한다.

요나의 기적이 충분해야 한다. 과거의 어떤 기적에 대한 특별한 참조는 무엇보다 과거의 기적이 기적이라는 것을 뜻한다. 그다음으로 이것은 만일 이 기적이 당신에게 충분하지 않다면 아무것도 당신을 설득하지 못할 것이라는 것을 의미한다. 요나의 예언적인 이야기는 더할 나위 없는 기적이다. 왜냐하면, 참된 유일한 기적은 실제로 예수 그리스도의 부활의 기적이기 때문이다. 바로 여기에서 우리가, 한 사람이 아니라 모두를 위한, 한순간이 아니라 영원토록, 하나님의 사랑의 충만함을 소유한다. 모든 기적은 항구를 향해 나아가는 우리의 항로에 경표를 설치하는 작은 불빛들에 불과하다. 그 항구에서 불빛, 즉 부활의 총체적인 불빛이 빛난다. 모든 기적은 결국 그분에게 속하고, 그분에 의해 설명된다. 그분이 기적이다.

그러나 사람들이 원하지 않고 기대하지 않은 기적이 있는데, 그것은 바로 그리스도의 임재이다. 그분 없이 다른 기적들이 무엇을 의미하겠는가? 만일 야이로의 딸이 얼마 동안 부활했다가 그녀의 인간적인 생명의 끝날 때 똑같은 블랙홀로 다시 영원토록 떨어진다면 그 부활이 무슨 의미가 있겠는가? 문둥병자에게 건강을 되돌려준 것이, 만일 우리가 모두 그렇게 하듯 그의 인생을 악과 멸망 속에 소모하려는 것이라면, 만일 그것이 질병과 노화와, 그리고 마지막에 똑같은 지옥과 다시 마주치려는 것이라면, 그것이 무슨 의미가 있겠는가? 이 모든 것은 아무런 의미가 없다. 또한, 만일 우리의 조직들과 우리의 기술들과 우리의 업적들과 우리의 교회들과 우리의 기적들이 똑같은 한계 안에서 완성된다면, 만일 우리가 우리와 함께 하는 하나님을 소유하지 못한다면, 이 모든 것은 더는 아무런 의미가 없다. 그래서 요나가 진정한 기적이다. 요나가 인간과 함께 죽음과 지옥(모든 형태의 지옥과 또한 우리가 이 땅에서 아는 지옥) 속에 머무시는 하나님을 나타내는 한, 요나의 기적이 그리스도 부활의 기적인 한, 우리에게 다른 기적은 실제로 필요하지 않다. 그는 그야말로 진정한 기적이다.

그러나 주목할 만한 점은 예수님이 자신의 죽음을 참조하라고 말씀하시지 않는다는 것이다. 그분은 단지 요나의 기적을 참조케 하신다. 우리는 여기서 놀라운 교훈과 마주한다. 그분은 "조금 기다려라.

너희는 내가 부활하는 것을 볼 것이다"라고 말씀하지 않으신다. 그분은 그들에게 이렇게 말씀하신다. "요나의 기적이 있다. 만일 너희가 그것을 믿지 않는다면 나머지 모든 것은 쓸모가 없다." 만일 사람이 요나서에 진술된 하나님의 말씀을 믿지 않는다면 그가 그 나머지또한 믿지 않는 것이 사실이다. 예수님의 부활이 발생했다. 그러나 누가 그것을 믿는가? 우리는 다음과 말씀을 듣는다. "만일 우리가 죽음 뒤편에 있는 것을 안다면 …. 그러나 누구도 다시 와서 그것을 말하지 않는다." 예수님의 부활이 누구도 설득하지 못했다. 정치적인 이유로 그 부활을 숨기기를 원했던 사람들이 있다. 증인들의 증언을 의심한 사람들이 있다. 과학적 이치와 역사 비평을 원용한 사람들이 있다. 그것을 합리적으로 설명한 사람들이 있다. 그것을 훌륭한 경건한 전통으로 받아들이는 사람들이 있다. 거기에서 신화를 보는 사람들이 있다. 예수의 부활은 요나의 이야기보다 더 설득력이 있지 않으며 우리의 굳어진 마음이 그것을 더 쉽게 받아들이지 않는다. 그리고 만일 우리 자신이 부활의 현장에 있었다 해도, 사실 그 자체는 우리를 설득하기에 여전히 충분하지 않았을 것이다. 군인들이나 산헤드린 공회원들은 설득되지 않았다. 제자들을 설득한 것은 성령의 행위였다. 예수님이 이러한 대답을 하실 때, 그분은 대화의 상대편들을 우리가 말했던 결정적 순간으로 돌려보내신다. 그분은 하나님 말씀의 권위로 그들을 돌려보내신다. "요나의 기적에서 너희에게 전하여진 하나님의 말씀을 인정하느냐? 만일 인정한다면 너희에게 보충적인 기적은 필요하지 않다. 왜냐하면, 예언적인 기적에 대하여 너희가 (성령에 의하여 그것이 하나님의 말씀임을 인정하면서) 그것이 성취될 것임을 믿기 때문이다. 그렇지 않다면 어떤 기적도 너희를 설득하지 못할 것이다. 그것들은 쓸모가 없고 너희 스스로 자신의 불신앙을 확인할 뿐이다."

이 책망이 의미한 바가 이것이다. 그 책망이 우리에게 언제나 가치가 있다. 왜냐하면, 예수님의 부활이 요나의 이야기를 확증한 것과 같은 말씀에 의해 확증되고, 그것을 조명한 것과 같은 성령에 의해 조명되기 때문이다. 우리는 다른 증거나 다른 사실을 가지고 있지 않다. 그리고 우리에게 요구되는 것은 우리에게 그것을 확증하는 이 말씀을 믿고 우리를 설득하는 바로 이 성령을 받아들이는 것이다. 그러나 요나서가 예고하는 예수님의 부활은 이 이중적 프로젝터, 즉 성령의 이중적 행위에 의해 조명된다. 그 부활은 나타나기 전 오랫동안 심오하게 예고된다. 한 줄기 빛이 어둠으로부터 나와서 빈 무덤이라는 이 역사적 시점을 비춘다. 그리고 옳은 것을 예고하기 때문에 요나의 예언은 옳다. 부활이 있고 나서 하나님이 선택하신 각 사람의 마음 깊은 곳에서 그 부활은 확인된다. 한 줄기 빛이 그 무덤으로부터 나와서 빈 무덤이라는 그분 역사의 한 시점으로 각 사람을 인도한다. 부활 이전과 이후, 두 경우 모두 객관적으로 또한 주관적으로 역사 하시는 분은 성령이시며, 두 경우 모두 우리는 어디에서 진리가 오며 그 진리가 무엇에 집중되는지 안다.

예수님은 충분하거나 의미 있는 것은 물리적인 사실이 아니라는 것을 빗대어 말씀하신 것이다. 그 기적을 확실하고 동시가 분명하게 만드는 것은 하나님의 말씀이다. 그런데 하나님은 그분의 자비하심 가운데서, 우리가 요나서에 말하여진 그분의 말씀을 받아들이는 데 필요한 모든 것을 우리에게 주신다. 왜냐하면, 예수 그리스도 이전에도 이 말씀을 믿고, 말씀을 그런 방식으로, 있는 모습 그대로 받아들이는 것이 가능했기 때문이다. 유대인들에게 요구되었던 것이 바로 이 것이다. 그러나 예수 그리스도의 부활 이후 우리는 또한 이 말씀이 말하여진 이유를 안다. 게다가 우리는 그 말씀을 이 유일한 기적, 즉 우리를 위해 영원토록 살아계신 예수 그리스도에게로 가져오고자, 그 말씀으로부터 기적적 성격을 제거하면서 그것을 신중하게 대하려고 생각한다.

이처럼 이 모든 요나의 진기한 경험은, 만일 우리가 예수 그리스도가 오신 후에도 여전히 그것에게 다른 의미를 부여하려고 애쓴다면 더는 아무것도 의미하지 않는다.

침례세례의 상징

마지막으로 할 말이 남아 있다. 우리가 자주 반복하여 말한 것이지만, 이것은 예수 그리스도에 대한 예언이며 또한 우리의 역사이다. 이 역사는 인간의 현실과 동시에 하나님의 행위의 현실을 표현한다. 그 용어들을 강요하는 것은 아니지만 요나의 삼켜짐에서 침례세례의 상징을 생각할 수 있다. 비록 우리가 이미 본 바와 같이 물의 영적인 의미에 대해서도 각별한 주의를 기울여야 하지만, 여기에서 침례가 연관되는 것은 단순히 물의 존재 때문만이 아니다. 그것은 요나의 익사가 이 이야기 안에서 미화하고 있는 의미 때문이다. 그것은 영적인 소멸과, 그것은 영적인 소멸과, 살아서 다시 나가기 위해 지옥으로 들어가는 것을 뜻하는 것이다. 그런데 침례가 나타내는 것은 그리스도와의 연합과 동시에 바로 이것이다. 그 침례는 여기에서 외부적인 것이 아니고 그 이야기 자체에 의해 암시된다. 그리고 의심의 여지없이 이 모든 것은 우리가 본 바와 같이 부활을 겨냥하지만, 또한 그것은 새로운 탄생을 겨냥한다. 물고기로부터 나오고 나서, 요나는 침례를 거친 자처럼,

적어도 이 침례의 실재 안에서 새로운 사람, 새로운 피조물이다. 이처럼 우리가 이 이야기를 관찰하는 매우 다양한 측면들에서 우리는 이러한 침례와의 관계를 다시 발견하게 된다. 이것은 대단하거나 결정적으로 중요한 것은 아니지만, 침례가 부활하신 분과의 친밀하고도 완전한 연합을 포함한다는 사실을 우리에게 밝혀준다. 바로 이러한 의미 안에서 침례는, 행정적 조직이 아니라 그리스도의 몸인 교회로의 통합이다. 이 이야기 속에서 요나가 침례 받고, 예언적으로 그리스도의 상황 가운데 처한 사람인 것과 마찬가지로, 침례 받은 자는 더는 예언적인 방식이 아니라, 이 침례의 행위 가운데서 죽음과 부활을 재생산하기 때문에, 또한 그러한 사실에서부터 그는 이 세상에 계시며 그의 머리가 하늘에 있는 그리스도의 몸에 참여하기 때문에 그리스도와 연합한다. 그리고 이 두 진기한 경험, 즉 요나의 진기한 경험과 수세자의 진기한 경험은, 성령이 그들 하나하나를 예수 그리스도의 진기한 경험의 참여자와 동시대인으로 만드시는 한에서만 진리를 가진다.

3장

주님의 말씀이 요나에게 두 번째 임하다

3장 · 주님의 말씀이 요나에게 두 번째 임하다

요나서 제3장 (표준 새번역)

1. 주께서 또다시 요나에게 말씀하셨다.
2. "너는 어서 저 큰 성읍 니느웨로 가서, 이제 내가 너에게 한 말을 그 성읍에 외쳐라."
3. 요나는 주께서 말씀하신 대로, 곧 길을 떠나 니느웨로 갔다. 니느웨는 둘러보는 데만 사흘길이나 되는 아주 큰 성읍이다.
4. 요나는 그 성읍으로 가서 하룻길을 걸으며 큰소리로 외쳤다. "사십 일만 지나면 니느웨가 무너진다!"
5. 그러자 니느웨백성들은 하나님의 말씀을 믿고 금식을 선포하고 그들 가운데 가장 높은 사람으로부터 가장 낮은 사람에 이르기까지 모두 굵은 베 옷을 입었다.
6. 이 소문이 니느웨의 왕에게 전해지니, 그도 임금의 의자에서 일어나, 걸치고 있던 임금의 옷을 벗고, 굵은 베 옷을 입고 잿더미에 앉았다.
7. 왕은 니느웨 백성에게 다음과 같이 선포하여 알렸다. "왕이 대신들과 더불어 내린 칙명을 따라서, 사람이든 짐승이든 소 떼든 양 떼든, 입에 아무것도 대서는 안 된다. 무엇을 먹어도 안 되고 물을 마셔도 안 된다.
8. 사람이든 짐승이든 모두 굵은 베 옷만을 걸치고, 하나님께 힘껏 부르짖어라. 저마다 자기가 가던 나쁜 길에서 돌이키고, 힘이 있다고 휘두르던 폭력을 그쳐라.
9. 하나님께서 마음을 돌리고 노여움을 푸실지 누가 아느냐? 그러면 우리가 멸망하지 않을 수도 있다."
10. 하나님께서 그들이 뉘우치는 것, 곧 그들이 저마다 자기가 가던 나쁜 길에서 돌이키는 것을 보시고, 뜻을 돌이켜 그들에게 내리시겠다고 말씀하신

재앙을 내리지 않으셨다.

요나서 제4장

1. 요나는 이 일이 매우 못마땅하여, 화가 났다.
2. 그는 주께 기도하며 아뢰었다. "주님, 내가 고국에 있을 때에 이렇게 될 것이라고 이미 말씀드리지 않았습니까? 내가 서둘러 다시스로 달아났던 것도 바로 이것 때문입니다. 하나님은 은혜로우시며 자비로우시며 좀처럼 노하지 않으시며 사랑이 한없는 분이셔서, 내리시려던 재앙마저 거두실 것임을 내가 알고 있었기 때문입니다.
3. 주님, 이제는 제발 내 목숨을 나에게서 거두어 주십시오! 이렇게 사느니, 차라리 죽는 것이 낫겠습니다."
4. 주께서는 "네가 화를 내는 것이 옳으냐?"하고 책망하셨다.
5. 요나는 그 성읍에서 빠져 나와 그 성읍 동쪽으로 가서 머물렀다. 그는 거기에다 초막을 짓고, 그 그늘 아래에 앉았다. 그 성읍이 어찌 되는가를 볼 셈이었다.
6. 주 하나님이 박 넝쿨을 마련하셨다. 주께서는, 그것이 자라올라 요나의 머리 위에 그늘이 지게 하여, 그를 편안하게 해주셨다. 박 넝쿨 때문에 요나는 기분이 무척 좋았다.
7. 그러나 다음날 동이 틀 무렵, 하나님이 벌레를 한 마리 마련하셨는데, 그것이 박 넝쿨을 쏠아 버리니, 그 식물이 시들고 말았다.
8. 해가 뜨자, 하나님이 찌는 듯이 뜨거운 동풍을 마련하셨다. 햇볕이 요나의 머리 위로 내리쬐니, 그는 기력을 잃고 죽기를 자청하면서 말하였다. "이렇게 사느니 차라리 죽는 것이 더 낫겠습니다."
9. 하나님이 요나에게 말씀하셨다. "박 넝쿨이 죽었다고 네가 이렇게 화를 내는 것이 옳으냐?" 요나가 대답하였다. "옳다 뿐이겠습니까? 저는 화가 나서 죽겠습니다."
10. 주께서 말씀하셨다. "네가 수고하지도 않았고, 네가 키운 것도 아니며, 그저 하룻밤 사이에 자라났다가 하룻밤 사이에 죽어 버린 이 식물을 네가 그처럼 아까워하는데,
11. 하물며 좌우를 가릴 줄 모르는 사람들이 십이만 명도 더 되고 짐승들도 수없이 많은 이 큰 성읍 니느웨를, 어찌 내가 아끼지 않겠느냐?"

우리는 요나서의 마지막 두 장을 포함한 부분을 한꺼번에 다루려고 한다. 왜냐하면, 그 두 장을 분리시키는 것이 작위적일 만큼 그 둘은 통일성을 보이기 때문이다. 다른 한편, 우리는 여기에서 1장에 나타난 모든 주제를 다시 만난다. 그러나 그 주제들은 하나님과 인간 사이의 관계들에 대한 전망의 또 다른 각도로 옮겨져서 조명된 것들이다. 그럼에도, 이것은 우리가 1장에서 했던 것과 똑같은 구분을 하도록 이끈다.

1. 내 안의 두 사람

이제부터 이 이야기의 매력적인 측면은 하나님과 요나 사이의 대논쟁에서 나타난다. 요나는 하나님의 말씀 앞에서 더는 반역적이지도, 도피적이지도 않으며, 진실로 침례세례를 받고, 회심하고, 순종적이다. 그는 하나님께 쓸모 있는 새로운 피조물이다. 이 점에서 아무런 의심의 여지가 없으며, 요나는 이제 성령에 순종한다. 그는 이 난감한 말씀을 전달하는 일을 받아들이고, 니느웨에 가는 일을 받아들이고, 자신의 뜻을 내려놓은 채 하나님의 손안에 자신을 맡겼다. 지옥에서 그가 겪은 회심은 거짓된 회심이 아니다. 그는 지금 말씀의 사명을 담당하고 자신의 목숨을 내걸고 그 사명을 완수한다. 그는 삶의 새로운 국면 가운데로 들어갔다. 그러나 그는 여전히 한낱 사람에 불과하다. 심지어 새로운 탄생 이후에도, 그는 여전히 살과 피로 구성된 존재이며, 그는 여전히 우리의 형상이다. 그는 완전하지 않다. 그는 여전히 분노하고 스스로 의롭다고 여기고 절망할 수 있는 존재이다. 그는 스테인드글라스의 성인이 되지 않았으며, 이러한의미에서 요나의 이야기는 우리에게 겸손을 배우는 수업임과 동시에 큰 위로가 된다. 너무나 자주 성서 본문들은 다음과 같은 인상을 안겨준다: 회심한 이후 모든 것이 장밋빛으로 선회하고, 더는 어떠한 문제도 없고, 사람들이 자동으로 하나님의 뜻에 동의하고, 아무런 노력 없이 순종하며, 마치 나무가 그것의 열매를 맺듯이 거룩함의 열매를 맺고, 이 하나님이 요구하는 것을 성취하는 일이 더는 어렵기는커녕 오히려 쉽고, 더는 죄를 짓지 않는다. …

의심할 여지없이 바울 자신도 자기 안에 두 사람이 서로 싸운다고 우리에게 말한다. 욥도 마찬가지이다. 그렇지만, 로마카톨릭적인 도덕적 완전성의 의미에서 이 거룩함의 신기루는 우리의 삶이 전혀 그와 같지 않다는 것을 확인할 때, 종종 엄청나게 좌절하게 한다. 새로운 탄생은 여전히 우리에게 우리의 어려움을 남겨놓을 뿐만 아니라 어떤 문제들은 더하여지며, 우리는 계속해서 죄인으로 존재한다. 그때에 이로 말미암아 우리는 자신의 회심의 실재에 대해 의심하게 되고, 우리가 환상의 장난감이었을 뿐, 실제로 일어난 일은 아무것도 없었다고 생각하게 된다. 바울이 육신과 영 사이의 싸움에 대하여 우리에게 말한 것은 여전히 우리에게 매우 추상적인 것으로 남아 있으며, 더욱 나쁜 것은 그것이 육체와 정신의 싸움을 의미하지 않는다면 바울이 말한 바는 우리에게 거의 의미가 없다는 것이다. 요나와 함께 할 때 우리는, 우리와 같은 반응을 보이고 우리와 같은 죄를 가진, 우리와 같은 한 사람의 존재와 마주한다. 또한, 우리는 탁월한심리학적 진리와 영적인 심오함을 견지한 채, 사도 바울이 말하는 이 싸움에 참여한다. 이것이 우리에게 힘이 되지만, 우리의 의로움을 위해 그것을 사용하려고 하지 않는다는 조건 안에서만 그러하다. 특별히 우리는 자신에게 다음과 같이 말해서는 안 된다: 무엇보다 요나는 심지어 그의 순종

가운데서도 여전히 불순종적이었고 그의 사명 가운데서도 죄인이었다. "나라고 별수 있겠는가?" 이처럼 말하는 사람은 전능하신 주님과의 만남을 진실로 경험하지 않았다는 것을 드러낸다.

겸손하고 회개하며 낙심한 마음에만, 죄인으로 남아있는 것을 근심하며, 자신을 정당화하려고 하는 대신에 용서를 구하는 사람에게만 요나가 할 말이 있는 것이다. 바로 이러한 사람에게만 요나와 하나님의 날카롭고 신랄한 대화가 진리를 가진다. 요나는 이 사람에게 이렇게 말한다. 하나님은 사람 전부를 아시고, 자신이 누구와 상대를 하는지 아시며, 그분이 계시하시고 용서하신 이후에도 여전히 성 잘 내고, 억지 부리기를 잘하는 사람과 다시 대면하는 것에 대해 그분은 놀라워하지 않으신다. 그리고 이것은 하나님의 사랑과 인내를 여전히 고갈하지 못하며 오히려 이 반항적인 아이가 무릎을 꿇고, 나의 주님 나의 하나님이라 고백하게 되는 순간을 향하여 하나님은 그의 손을 붙들어서 그를 지속적으로 이끄신다. 그리고 이것은 그 사람의 평생 반복될 것이다. 왜냐하면, 일흔 번씩 일곱 번이라도, 즉 무한하게 용서하시는 하나님의 사랑에는 한계가 없기 때문이다. 그러나 이것은 그 자신의 편의를 위하여 이 사랑과 용서를 이용하지 않는 사람에게만 말하여지고, 사실이 될 뿐이다. 요나의 죄는 우리의 교만 가운데서 우리의 의로움이 아니라, 우리의 회개 가운데서 우리의 도움이 될 것이다.

요나가 말씀을 선포한다. 그러나 자신이 예고한 대로 성취된 것이 아무것도 없다는 것을 볼 때에 그가 하나님께 화를 내기 시작한다. 그리고 그가 거기에서, 지나간 자신의 행실을 정당화하기 위한 논증을 끌어낸다. "아무것도 아닌 일을 위해 나로 하여금 이 모든 길을 걷게 하고 이 모든 위험을 감수한 것은 큰 고통이었다. 나는 이미 이것을 말했었다." 요나가 니느웨가 아니라 다시스로 가길 원했을 때 하나님이 틀렸고 요나가 옳았다. 그럼에도, 요나는 그의 삶의 현실들에서 하나님의 행위를 보려고 하나님과 매우 밀접한 교제 가운데에 머문다. 그는 거기에서 위로를 발견하고, 하나님이 그에게 주시는 사랑의 첫 번째 표적(박 넝쿨)으로 인해 마음을 누그러뜨린다. 그러나 요나는 여전히 절망하는 죄인이다. 그는 죽기까지 절망하며, 곧 외형적으로 더는 이 위로와 이 도움을 받지 못한다. 다시 한 번 요나는 분노와 절망 가운데 침몰하며 다시 한 번 그는 하나님 앞에서 하나님에 맞서서 자신이 옳다는 것을 선포한다.

나는 이와 같은 진술 가운데서 우리가 개인적으로 덕을 세우게 하는 몇 가지 요소들을 강조할 수 있다고 생각한다.

무엇보다 요나는 끊임없이 자신을 정당화하려고 애를 썼다. 욘4:2 그는 하나님께 자신이 잘 알고 있었다고 말한다. 그는 은혜가 필요하지 않았다. 그에게 일어난 모든 일은 단순한 사고이며 하나님은 하나님 자신이 행하시는 일을 알지 못하신다. 왜 그분은 요나를 바다 밑바닥으로부터 돌아오게 하셨나? 왜 그분은 요나를 추적하셨나? 이 모든 것에도 니느웨는 늘 끄떡없으며 심판의 선고조차 그에게 아무런 결과도 낳지 못하는 한탄할 만한 실패로 귀결되고 말았지 않는가? 그러나 요나의 태도에서 본질적인 것으로 보이는 것은 그에 대한 이유로 요나가 제시한 것이다. 그것은 영적인 정당화이다. "주께서는 은혜로우시며 자비로우시며 노하기를 더디하시며 인애가 크시사 뜻을 돌이켜 재앙을 내리지 아니하시는 하나님이신 줄을 내가 알았음이니이다." 요나에게[1] 니느웨에서 그 성의 멸망을 선포하라고 보내신 것은 필요한 일이 아니었다. 왜냐하면, 하나님은 사랑의 하나님으로서 정죄하지 않으시고, 파괴하지 않으시며, 니느웨를 용서하실 수밖에 없으시기 때문이다. 따라서 그분이 요나에게 요구하셨던 모든 것은 일이 있기 이전에 불필요하며 심지어 하나님 자신의 본성에 반하는 것이었다.

이처럼 요나는 하나님의 계시를 사용하여 하나님의 뜻에 대해 논쟁을 벌인다. 그는 여호와께서 모세에게 하신 말씀들을 사용한다. 그것은 계시에서도 중심에 있는 특별히 장중하며 신성한 말씀들이다. 왜냐하면, 모세의 중보를 통해 하나님이 유대 백성과 언약을 체결하실 때에 하나님이 하신 말씀들이기 때문이다. 출34:6 요나는 하나님을 하나님에, 하나님의 말씀을 하나님의 명령에 대립시킨다. 이는 요나 자신을 정당화하기 위해서이다. 성서에서 우리는 이러한 태도에 대해 또 다른 예를 발견한다. 사탄이 예수를 시험하기 위해 사막에 와서 그분을 만났을 때, 사탄도 역시 성서 말씀을 사용했다. "기록하였으되 …"

따라서 이것은 우리에게 심각하고 엄숙하게 경고한다. 옳기 위해서는 성서 본문에 의지하는 것으로 충분하지 않다. 진실 안에 있으려면 성서 본문이 말하는 바를 행하는 것으로 충분하지 않다. 하나님과 의견 일치를 보려면 신학적이든 아니면 경건주의적이든 논증들을 내세우는 것으로 충분하지 않다. 반대로 이 모든 것은 하나님에 대한 반대의 표적이 될 수 있고, 불순종의 수단이 될 수 있다. 하나님을 시험하기 위해 하나님의 말씀을 사용하는 것이 분명히 모든 그리스도인을 위협하고 있다. 어떤 그리스도인이든 자신이 하나님의 말씀을 받았고

1) 역주: 욘4:2

그것을 이용하고 사용하기 위하여 보관하고 있다고 생각할 때면 언제나 이러한 죄를 범한다. 이것은 예수에 대적한 사단의 바로 그 범죄이다. 이것이 성서를, 성서에 대립시키기 위해 그것을 잘게 자르는 역사가들의 태도이고, 자신의 이론과 철학을 세우려고 본문을 사용하는 신학자들의 태도이며, 자신을 정당화하기 위해서나 비그리스도인들 또는 같은 교리를 갖지 않은 다른 그리스도인들에 맞서서 자신의뜻이 다른 사람들의 그것보다 얼마나 우월한지를 드러내는 논증들을 소유하기 위해 성서를 여는 평신도 그리스도인들의 태도이다.

요나의 이러한 태도가 사탄의 태도라고 성서가 우리에게 나타내는 것이 결코 무의미한 것이 아니다. 신앙고백을 하자마자 베드로가 "사탄아 내 뒤로 물러가라"는 예수님의 즉각적인 반응을 자초한 것과 마찬가지로, 요나는 회심하고 사명을 완수한 이후에 사탄과 동일시되었다. 이것은 성서를 읽고 사용하면서 최대로 신중할 것을 우리에게 권면하는 것이다. 성서는 사람들이 읽고 거기에서 자신의 논증을 이끌어낼 수 있는 중립적인 책이 아니다. 성서는 신중하게 다루어야 하는 폭발적인 능력이다.

그런데 만일 이 책을 단순하게 읽고 단순하게 사용하는 것이 그렇게 위험하다면, 우리 마음은 두려움에 사로잡히고 만다. 이러한 무시무시한 시험으로부터 우리 자신을 보호하기 위해 우리가 가질 수 있는 표시는 없는가? 분명히 있다. 요나서의 본문이 우리에게 그것을 제공한다. 요나는 하나님 앞에서 그리고 하나님께 대항하여 자신을 정당화하기 위해 성서를 사용하는데, 이것은 자신을 스스로 파괴하길 원하도록 그를 몰고 간다. 그의 정죄는 바로 여기에 있다. 우리 눈에우리 자신을 의롭다 하는 것을 성서에서 발견하자마자, 성서를 읽으면서 "내가 옳다"고 우리가 말하자마자, 우리를 위하며 다른 사람들에 대적하는 논증을 그 안에서 발견하자마자, 우리의 판단에 따라 우리가 의롭게 되자마자, 우리는 요나처럼 하나님을 대적하여 계시를 취했다는 사실을 확신할 수 있다. 왜냐하면, 계시가 우리 자신에 대해 우리에게 가르치는 모든 것은, 우리가 의롭지 못하며, 우리 스스로 의롭게 하는 어떤 수단도 우리에게는 없으며, 하나님과 논쟁할어떤 가능성도 없고, 다른 사람을 정죄하고 그들에 대항하여 옳다고 할 수 있는 어떠한 합법성도 없다는 것이다. 이러한 극단적인 곤경 가운데서 우리를 구원하는 것은 하나님의 값없으며 우리로부터 외재적인(그러나 내재적인 것이 되는) 행동뿐이다. 여기에 성서가 우리를 가르치는 모든 것이 있다. 우리가 거기에 머무는 동안 성서 읽기는 유효하고 건강하며 우리 안에 열매를 맺는다. 성서는 생명의 샘, 즉 진실로 하나님의 사역이며 그렇지 않다면 분명히 그것은 죽음의샘, 즉 사탄의 사역이 된다. 자신을 의롭다 한 후에 요나는 하나님께 말한다. "사는 것보다 죽음이 내게 나음이니이다."

하나님의 신실성

요나가 하나님을 향해 화를 낸다. 그가 죄를 범했다. 그는 자신이 선지자이고 하나님 말씀의 전달자라는 것을 알았다. 그는 이 말씀을 진지하게 전체적으로 신실하게 선포했다. 그는 생명의 위협을 무릅썼고, 다른 사람들에게 그들의 생명 또한 위태롭다는 것을 전했다. 하나님의 대사로서 그는 하나님의 뜻을 그들에게 전했다. 그는 스스로 온전히 참여한 가장 큰 전투의 중심부에 있었고, 그들을 그곳으로 위치시켰다. 그런데 아무런 일도 일어나지 않았다. 니느웨가 사십일후에 파괴되지 않았다. 니느웨 사람들은 그들의 일을 계속하고 정치는 재개되었고 상업도 마찬가지이다. 이 거대한 감동 이후에 "삶은 자신의 권리를 되찾는다."

니느웨 사람들이 무엇을 생각할까? 분명히 이 세상 사람들이 기독교의 메시지에 대해 생각하는 것과 똑같은 것이다. 교회가 하나님의 심판을 얼마나 여러 번 전했던가? 하지만, 그 뒤를 따라온 것은 아무것도 없었다. 사람들은 더는 그것을 믿을 수 없다. 교회가 진노 앞에서의 회개를 얼마나 여러 번 설교했던가? 그러나 진노는 없었다. 사람들이 요나에 대해 무엇이라 생각할까? 그는 허풍쟁이거나 광신도이다. 사람들이 하나님에 대해 무엇이라 생각할까? 무능한 하나님,웃기는 하나님, 아니면 그보다 낫게는 존재하지 않는 하나님이다. 이처럼 요나는 자신이 분노한 것에 대한 충분한 동기가 있다. 그것은 정직한 사랑의 상처일 뿐 아니라 하나님의 사랑의 상처이기도 하다. 하나님의 명예가 이 진기한 경험 가운데 개입되기에, 말하여진 말씀이 이루어지기를 요나가 집요하게 요구하는 것이다.

우리는 여기에서 섬김의 매우 중요한 측면을 본다. 요나가 요구하는 것은 하나님 자신이 세상에 대한 예언적인 말씀에 순종해야 하고 그분의 종을 통해 말하도록 한 것에 대해 신실해야 한다는 것이다. 여기서 다시 한 번 요나는, 모든 증인에게서 볼 수 있고 성서에서 그에 대한 다른 예들이 있는 인본적인 경향에 순종한다. 그는 하나님의 말씀으로 자신의 말을 만든 것이다. "말씀하시니 사물이 존재하는" 하나님의 말씀은 성자이신 말씀 안에서 여전히 자유로운 하나님의자유 행위이기 때문에 존중해야 했지만, 이제는 더는 그렇지 않다. 이제는 그 말씀이 요나의 말이고, 중요한 것은 요나가 말한 것이며, 하나님은 요나의 말에 묶여 있다. 선지자인 그가 총체적으로 그의 인격으로부터 계시를 보장하기 때문에, 요나는 하나님이 자유를 간직하는 것을 허용할 수 없다고 판단한다. 하나님이 자신의 뜻을 바꾸시는 것은, 사람이 이 뜻을 맡았을 때 그의 눈에는 불가능한 것이다. 여기에서 또 한 번 우리는 그리스도인과 교회의 빈번한 태도를 만난다. 결의론자[2]들을 훨씬 뛰어넘는 하나님의 자유와 그분의 신실하심 앞에 우리가 순복하기는 어렵다.

게다가 하나님의 뜻에 순종한 요나는 의인들의 편에 있다. 그는 하나님의 뜻을 행하는 사람이다. 그는 죽음에까지 이르는 불순종의 드라마를 안다. 하나님이 그를 꺾으셔서 그가 하나님의 친구들, 즉 의인들의 진영에 들어가게 됐다. 이것은 그에게 큰 비용을 치르게 했고 그가 감수해야 했던 희생이 컸다. 앞으로 그는 다른 사람들, 즉 하나님께 순종하지 않는 사람들, 그들이 원하는 대로 세상에서 자신의 삶을 사는 사람들, 하나님께 아무것도 희생하지 않는 사람들, 이제 이 무능한 하나님과 그분의 우스운 선지자를 멸시하는 사람들이, 요나가 경험했던 하나님의 진노를 경험하는 것과 그들이 죽임에 처하는 것이 정상적이고 옳은 것으로 생각한다. 그들은 그것을 볼 것이다. 지금 의인들의 편에 있는 요나는 세상을 구원받은 자와 잃어버린 자, 의인과 죄인, 산 자와 죽은 자로 쉽게 나눈다. 니느웨의 사람들은, 잃어버리고 저주받은 자이기 때문에 그들을 불쌍히 여길 필요가 없다. 그들은 멸망해야 한다. 이것은 보여야 하며 이것은 숨겨져야 한다. 만일 악인들이 우리가 빼앗긴 삶을 누린다면 많은 수고와 희생과 신실함이 무슨

2) 역주: 양심과 도덕의 문제를 이성과 교리에 따라 해결하려는 중세의 신학자들

소용이 있겠는가? 그래서 요나는 아주 새로운 양심을 가지고 그들의 심판을 요청한다.

그리고 이것은 또한 이방인들과 열방에 대한 유대인들의 분노이고, 열방들이 저주받을 것이라는 그들의 소망이다. 그것은 예수 그리스도가 오시기 전의 분노이다. 역사가들은 요나서가 구원의 보편성을 확증하고, 편협한 민족주의적 관념과 이방인에 대한 유대인들의 증오에 맞서 싸우려고 썼다고 주장한다. 이 분노는 유대 백성이 흩어지고 박해를 당한 후부터 더욱 증가했다. 복수는 여호와에게서 올 것이다. 열방들은 자신의 머리 위에 불타는 숯을 쌓고 있다. 이것은 우리가 교회 안에서 발견하는 태도와 완전히 똑같다. 이방인에 대한 우리 선한 그리스도인들의 태도, 죄인들에 대한 우리 선한 도덕주의자들의 태도가 그러하다. 십자군들에 대해 설교하고 브라질의 인디언들을 몰살하거나 공산주의에 대한 성전聖戰에 참여할 때의 교회의 집단적 태도 역시 마찬가지이다. 요나가 우리에게 현재 우리의 태도를 폭로한다.

그리고 요나는 여기서 자신의 진기한 경험에 대해 아무것도 이해하지 못하고 있다는 것을 보여준다. 왜냐하면 그가 단 한 가지, 즉 자신의 희생과 신실성만을 이해했기 때문이다. 그는 그에게 시행된 은혜를 이미 잊어버렸다. 그는 자신을 다시 살게 한 용서의 신비를 이미 상실했다. 그는 삶의 새로움 가운데 산다. 그에게는 모든 것이 이 은혜에 걸려 있었다. 그러나 그는 그 은혜가 다른 사람들에게 주어지는 것을 좋지 않게 여겼다. 하나님의 은혜가 그를 짓누른 것이 분명히 그에게 은혜를 베푸시기 위해서 그를 용서하시기 위해서라는 것을 그가 벌써 잊어버렸다. 그리고 요나가 말하여진 말씀에 대해 신실하시라고, 그가 말한 것을 시행하시라고 하나님께 요구할 때, 그는 하나님의 신실하심이 그가 생각하는 신실보다 높다는 것을 알지 못한다.

하나님은 무엇보다 그분의 사랑에 대해 신실하시다. 그 사랑은 모든 사람을 위한 사랑, 즉 다른 이들을 위한 것처럼 죄인들과 이방인들을 위한 사랑이다. 하나님이 요나에게 선포하게 하신 것은 니느웨의 구원을 위해서, 니느웨를 위한 그분의 사랑에 대한 신실함을 따라서이다. 그리고 이 구원에 도달하기 위해서 하나님은 모든 위험을 감수하신다. 여기서 그분은 자신의 명예를 위태롭게 하신다. 그분은 사람들의 판단 아래 자신이 처하도록 하신다. 그분은 사람들의 조롱거리가 되시는 것을 용납하신다. 그분은 사람들의 모욕을 용납하신다. "우리에 맞서서 아무것도 할 수 없는 이 하나님을 보라. 연설만을 할 줄 아는 이 하나님을 보라. …" 그분은 이 모든 것을 용납하신다. 왜냐하면, 실제로 이와 같은 방식으로만 이 사람들이 구원받을 수 있기 때문이다. 그리고 하나님이 사람을 대적하여 아무것도 하실 수 없는 것은 사실이다. 왜냐하면, 그분이 자신의 사랑에 묶여 있어서 이제는 그들을 구원하실 수만 있기 때문이다. 그러나 하나님이 자신의 종들을 인도하시는 이러한 겸비의 단계는, 하나님의 위엄에 대한 높은 관념을 가진 요나로서는 받아들일 수 없다. 그러나 하나님은 사람들과 같은 관점에서 자신의 위엄을 세우지 않으시며, 자신의 신실성을, 그분의 종이 자기 자신에게 말씀을 적용할 때 요구하는 형식으로는 나타나지 않으신다.

구경꾼 요나

그때에 요나는 화가 났기 때문에 그 도시에서 나온다. 이것은 정상적인 결과이다. 하나님이 그분의 말씀을 지키시지 않기 때문에, 요나

만이라도 자신의 말을 지킨 것이다. 그는 이 자주 받은 도시에 대해 할 일이 더는 아무것도 없기를 원한다. 그는 밖으로 나와서, 이 도시에 무슨 일이 벌어질지 보려고 그 도시의 동편의 초막에 앉는다. 욘4:5 왜냐하면, 그가 이 일이 그처럼 될 수는 없다는 사실에 대해 여전히 확신을 하고 있기 때문이다. 그는 거리를 둔다.그는 그것을 통해 이 도시의 정면에서 그리고 그 도시에 맞서서 자신이 거룩하고(구별되고) 의롭다는 사실을 표시하고 싶어 한다. 그는 그 도시를 마주 대한다. 그는 선지자이기 때문에 그렇게 행동한다. 그는 동편을 향하여 앉는다. 전통적으로 구약에서 동편은 하나님의 심판이 오는 장소이다. 이처럼 요나는 그가 자리 잡은 장소를 통해 자신이 그 심판을 기다린다는 것을 나타낸다. 마치 교회 안에서 힘이 세진 우리가 은혜가 아니라 세상을 향한 하나님의 진노의 심판 날을 기다릴 때처럼 … 요나는 자신의 정의를 나타내려고 떨어져 나간다. 그리고 의심할 여지없이 가끔은 이것이 요구되던 바로 그 행동이다. “이 패역한 세대에서 떠나라.”

그러나 정확히 말하면 이것은 요나에게 요구된 것이 아니다. 그는 니느웨 안에 머물고, 니느웨와 함께 니느웨의 심판과 회개와 구원에 참여하기 위하여 그 도시를 향하여 보냄을 받았다. 그는 저주가 아니라 은혜의 전령으로 보냄을 받았다. 이처럼 교회는, 만일 반죽 옆에 머문다면 아무짝에도 쓸모없는 반죽 가운데 있는 누룩이다. 만일 교회가 세상 밖에 자리를 잡는다면 그것은 아무짝에도 쓸모가 없다.

요나는 구경하기 위해 자신을 위해 만든 그늘에 자리를 잡는다. 하나님의 종에게서 보기 어려운 낯선 상황이다. 이것은 삼중적 불순종이다. 실제로 그에게는 베풀어진 은혜 속에 정착할 권리도 없고, 그에게 맡긴 직무 가운데 정착할 권리도 없다. 그는 하나님 앞에서 자신을 안정시키고 멈추어서 "끝났다"고 말할 권리가 없다. 하나님의 일은 절대 끝나지 않는다. 하나님의 종이 규정을 따르고 하나님 앞에서 의로움을 유지하면서 휴식을 취하는 것은 불가능하다. 왜냐하면,그는 자기의 새로운 조국을 향해 걷는 사람, 이 세상에서는 인연도 뿌리도 없는 사람, 주님을 향해 돌아가려고 이 땅에서 외국인과 나그네로 머무는 사람이기 때문이다. 그리고 요나의 물질적인 태도는 그 자신의 영적인 정의正義에 와 관련하여 매우 특징적이다. 그는 세상을 이미 소유했고 자신의 직무를 완수했다고 간주하기 때문에 정착했다. 그는 자신을 위해 만든 초막의 그늘에 앉는다. 요나가 발견한 평화는 스스로 자신에게 선물한 것이다. 이것은 더는 하나님의 보호가 아니고, 그가 찾고 기다린 그분의 은혜도 아니다. 그는 "너의 성냄이 어찌 합당하냐" 욘4:4고 하신 하나님의 질문을 거부하고 듣지도 않는다. 왜냐하면 그는 그늘 안에서 자신의 영역을 만들고, 그 안에서 자신에게 맞는 평화를 누리며 잘 지낼 것이기 때문이다. 이것은 그리스도인들이 인론적이고 효과적이며 잘 수립된 수많은 목적에 의해, 그들의 분량대로(그리스도의 몸이 아닌) 교회와 하나님의 나라를 자신들을 의해 만드는 것과 완전히 일치한다. 그것은 하나님에 대하여 그들의 자율성을 내세우는 새로운 시험에 불과하다.

초막의 그늘서 요나는 태양으로부터 멀리 있고, 또한 하나님의 질문으로부터도 멀리 있다. 그의 초막은 성서를 잘 아는 그의 내면에서 의당 큰 반향을 일으켰어야 할 이 구절을 듣지 않도록 하는 데 사용된다. 실제로 이 질문은 하나님이 카인에게 제기하신 질문과 같은 것이다. 카인이 하나님의 선한 의지로 말미암아 하신 첫 번째 행위, 즉 아벨의 희생 제사를 받으신 것에 대해 질투와 살의에 가득하여 화를 발할 때, 카인이 살인자가 되기로 한 순간에, 하나님이 그에게 이것과 완전히 똑같은 질문을 던지신다. "네가 분하여함은 어찜이뇨?" 여기에서 같은 단어들이 반복되는 것은 결코 무의미한 것이 아니다.[3] 요나가 하나님의 자비하심에 대해 성을 낼 때, 위협의 실행, 즉 니느웨 사람들의 처형을 요구할 때, 그는 틀림없이 그의 형제들에 대한 살인자가 되는 것이다. 그는 심지어 하나님이 그 살인에 참여하시길 요구한다. 그가 카인이 된다. 왜냐하면, 그의 반역과 그의 정죄와 그가 받은 용서 안에서 진실로 그가 니느웨인들의 형제이기 때문이다. 그리고 여기에서 우리는, 교회는 크게 신중해야 할 이유를 발견한다. 우리가 우리 자신의 정의감을 느낄 때, 죄인들과 반역한 인간들에게 하나님의 심판이 떨어지길 소망하고 원할 때, 이 단순한 구절은 우리가 우리 자신을 카인의 반열에 놓는다는 것과 예수 그리스도가 오신 것은 이러한 일을 위함이 아니라는 것을 우리에게 가르친다.

그러나 요나는 꿈에도 이런 개념을 가져본 적이 없다. 그는 자신이 좋은 편에 있다는 것을 그만큼 확신한다. 자리를 잡고는, 그 도시에 어떤 일이 일어날지를 쳐다보려고 기다린다. 그는 구경꾼의 입장을 취한다. 그는 이제 그 진기한 경험 밖에 있다. 불로 니느웨를 파괴하고 모든 거주민을 불사르는 특별한 구경거리를 잘 관람하기를 소망하면서, 심판의 날에 세상이 결국 멸망하고 악인들이 징계받는 것을 경건한 우리가 보게 될 것이라며 그날을 기대하는 사람들을 구경하는 것 같다. 그러나 경건한 자들에게 다음과 같은 경고가 말하여졌다: 너희가 어찌하여 심판의 날을 기다리는가, 그날은 두려운 날이고 진노의 날이

3) 역주: 히브리 성서에서 '네가 분하여 함'과 '네가 성냄'은 같은 단어들이다

다. 암5:18

그리고 요나는 이러한 수동성 안에서 세 번째 반역을 범한다. 여호와의 종은 결코 구경꾼이 아니다. 그는 결코 빠져 나오지 않으며, '쳐다볼' 권리란 결단코 그에게 없다. 구경꾼들은 십자가에 못 박히신 주님의 사랑을 받는 이들이 아니다. 그리고 우리는 아브라함의 삶에서 요나와 비슷한 점을 발견한다. 이 또한 정죄 받은 도시와 관련이 있다. 그러나 아브라함은 하나님의 종으로서 그 도시가 심판을 받지 않도록 필사적으로 싸운다. 그는 하나님께 네차례 기도하며, 그 자신의 운명이 아님에도 이 도시의 운명에서 자신을 구별하지 않는다. 그는 이 사람들에 대한 심판을 받아들일 수 없었다. 그는 구원하기 위해 깊숙이 참여한다. 그는 용광로와 같은 구경거리를 감당할 수 없었다. 최후의 순간에 롯이 이 도시를 떠나고, '쳐다보기' 위해 뒤돌아선 자들은 차례로 심판을 받는다.

이처럼 요나는 신실하고자 하는 그의 의지 자체 때문에 그의 불순종을 지속한다. 왜냐하면, 비록 그가 진정한 종이 되고 싶어 하였지만, 여전히 하나님의 사랑의 무한한 차원 속으로 침투하지 못했기 때문이다.

그는 무슨 일이 일어나는지 바라보려고 기다린다. 물론 그의 정신 속에서 일어날 일은 니느웨에 대한 심판이다. 그러나 이 이야기는 계속된다. 일어나는 일은 전혀 다른 것이다. 하나님이 요나의 분노를 가라앉게 하시려고 박넝쿨을 자라게 하셔서 그의 머리 위를 넘어서게 하셨다. 실제로 요나는 이 때문에 큰 기쁨을 가지게 된다. 이것은 요나가 기다렸던 것과는 완전히 다른 것이며 심지어 반대되는 것이다. 정죄 대신에 이것은 은혜이다. 니느웨에 적대적인 행위 대신에 요나를 위한 행위이다. 그리고 요나도 이것이 필요했다는 점을 지적할 필요가 있다. 왜냐하면, 그의 새로운 반역이 그로 하여금 자신의 정죄에 매우 가까이 다가서게 했기 때문이다. 그러나 아니다. 하나님은 다시 한 번 그분의 사랑을 나타내신다. 그분은 다시 한 번 요나를 구원하고 그의 노를 가라앉히신다. 그리고 요나에게 하나님 은혜의 상징을 선물한다.

그 상징인 키카종kikajon, 4)은 주석가들을 매우 괴롭혔던 단어이다. 무엇보다 이 미지의 나무가 무엇인지 알 수 없다. 아주까리ricin라는 번역은 아주까리를 지칭하는 이집트 단어인 키키kiki와의, 너무나 희미하긴 하지만 존재하는 유사성에서 기인한다. 어떤 학자들이 요나서에 이집트적 기원설을 부여하는 것도 바로 이 유사성에 기초한다. 여기에는 많은 상상력이 필요하며, 키카종과 키키가 같은 나무라고 말할 수 있는 근거는 전혀 없다. 이문제는 별로 중요한 것도 아니므로 신비한 것으로 남겨두자. 중요한 것은 키카종이 은혜의 가시적 상징을 나타낸다는 것이다. 그러나 그것은 주석가들에게 두 번째 난점을 드러낸다. 요나는 자신을 위해 초막을 짓고, 그 그늘에 있다. 그 후에 하나님이 "그늘이 지게 하시려고" 키카종을 자라게 하신다. 욘4:6 키카종이 시들자 요나는 다시 뙤약볕 속에 있게 된다. 그의 초막은 어떻게 되었나? 이를 위해 모든 주석적 전제들이 제시되었다. 그리고 궁여지책으로서, 원래 두 개의 이야기가 있었는데(하나는 초막이 있는 이야기, 다른 하나는 나무가 있는 이야기) 그것들이 뒤섞여서 잘못 필사되었다고 생각하기도 한다. 요약하면 우리가 가진 본문이 실수의 산물이라는 것

4) 역주: 박넝쿨로 번역됨

이다. 우리들의 신성한 책들을 쓴 편집자들은 확실히 멍청해서 엄청난 오류들을 범하고 그것들을 보존했다! 그러나 만일 논리적인 이야기가 아니라 영적인 계시를 서술하기 위해 그 본문이 쓰였다는 점을 우리가 인정한다면, 그 본문에 대한 설명이 존재하지 않을까? 여기서 우리는 반대로 본문이, 하나님이 카인에게 하셨던 질문을 다시 요나에게 하신 부분이 증명하듯이, 비상한 고심 끝에 작성되었다는 것을 깨닫게 된다. 요나는 그의 그늘과 평화를 건축하기 위해 초막을 지었다. 그리고 우리는 선지자가 자신의 삶을 통제하지 못했다는 것을 보았다. 그때에 하나님이 요나가 자신을 위해 드리우게 한 그림자를 나무로 대체하신다. 하나님은 요나가 자기를 위해 만든 보호를 그분의 보호로 대체하신다. 그분은 요나가 자신에게 제공한 평화를 그분의 평화로 대체하신다. "평화를 너희에게 주노라. 내가 너희에게 주는 것은 세상이 주는 것과 같지 아니하니라." 요14:27 달리 말하자면, 초막을 나무로 대체하시면서 하나님은 그분의 종을 진정한 종의 상황으로 다시 만드신다. 그분은 그가 자신을 위해 만든 사이비 건축물을 제거하시고, 하나님에 대항하여 만들어진 진리에 대하여, 그분은 사람을 속이는 안전을 요나로부터 제거하시고, (하나님의 뜻 안에서, 그 뜻에 따라) 진정한 안전을 보증하는 그분의 은혜의 상징으로 대체하신다. 그 은혜는 그의 운명을 주님의 손에 다시 맡기는 것(그는 그때 어떤 운명이 되기를 중단한다)과, 진정한 기쁨을 전제로 한다. 초막과 키카종 사이에 주석적인 문제는 없다. 영적인 문제가 있을 뿐이다.

요나는 절망하고 의심했다. 그의 분노만으로는 그가 두 번이나 되풀이하여 죽기를 갈망했다는 사실을 설명하기에 충분하지 않다. 첫 번째는 하나님이 니느웨를 멸망시키지 않으실 것을 그가 파악했을 때이다. 그는 자신의 이전 행위를 정당화하고 나서 죽음을 요구한다. 두 번째는 키카종이 시들었을 때다. 자신의 큰 기쁨이 사라지자, 그는 죽음을 원한다. 물론 우리가 이 과도한 슬픔을 이해해야 한다고 나는 생각한다. 벼랑 끝으로 내몰린 이 사람은 단순하게 화가 나고 모욕당했다고 느낀 것이 아니다. 두 차례에 걸쳐 그는 절망한다. 그는 절망한다. 왜냐하면, 그가 보기에 그가 믿었던 모든 것이 다시 문제시되기 때문이다. 그는 의심한다. 요나의 상황을 그 자체로서, 그리고 우리의 구체적인 인간 현실 안에서 보아야 한다. 그 상황은 우리 삶에서도 얼마든지 일어날 수 있다. 요나가 하나님으로부터 사명를받았다. 그는 굴복하기 전까지 두려운 진기한 경험들을 거쳤고, 결국은 그 은혜를 받았다. 그는 새로운 탄생을 경험한다. 하나님이 그의 삶 가운데 행동하시기에 그는 자신의 삶을 하나님께 바친다. 그는 하나님의 말씀을 따라 행한다. 그런데 아무 일도 일어나지 않는다. 하나님이 말씀하셨던 것이 실현되지 않는다. 그리고 요나가 하나님의 말씀을 성취해달라고 기도할 때 하나님이 그의 기도를 듣지 않으신다.

그때 요나는 사탄이 유혹했던 "하나님이 진실로 그것을 말하셨느냐?"라는 동산에서 이브가 받았던 시험에 넘어갔다. 요나에게 더는 이 은혜와 이 소명의 물질적인 상징이 없다. 하나님이 정말로 요나에게 말씀하셨던가? 그가 정말로 소명을 받았던가? 만일 그것이 실수였다면? 만일 그것이 그의 두뇌나 혹은 그의 감각의 환상이었다면? 만일 하나님이 말씀하시지 않았다면? 요나는 이 질문들에 답을 할 수가 없다. 의심할 여지없이, 그는 확실히 진기한 경험들을 소유하고 있다. 바다 밑에 내려갔고, 물고기의 기적(예수의 죽음과 부활)을 경험했다. 그러나 만일 이 모든 것이 아무런 영적 의미가 없다면, 만일 이 모든 것이 하나님을 개입시키지 않고도 매우 합리적으로 설명될 수 있는 것이라면, 만일 우연이나 또는 순전히 인간적인 사실들과 대면한 것이라면,(만일 예수가 가사 상태에 있었다면, 또는 그의 제자들이 실제로 그의 시신을 도둑질했다면…. 이에 대해 바울은 말한다. "만일 그리스도 안에서 우리의 바라는 것이 다만 이생뿐이면 모든 사람 가운데 우리가 더욱 불쌍한 자리라" 고전15:19 이 논쟁점에 따르면 요나는 모든 사람 중에서 가장 불행한 자이다) 그리고 심지어 실제로 그러했다고 믿을만한 충분한 이유가 있다. 왜냐하면, 결국 아무것도 아닌 일을 위하여 하나님이 요나가 순종하도록 그 많은 고통을 행하셨고, 태풍과 괴물 등을 일으키셨다는 것을 어떻게 가정할 수 있겠는가? 아무것도 아니었다. 왜냐하면, 하나님의 말씀이 실현되지도 니느웨가 멸망하지도 않았기 때문이다.

당시 요나에게 그의 영적 경험, 그의 새로운 탄생, 그의 약속된 부활은 모두 환상일 뿐이었다. 그의 삶에 바뀐 것은 아무것도 없었고, 하나님의 결정적인 행동도 없었다. 그는 자신이 새로운 피조물이라고 생각했지만, 요나는 여전히 대항했고 가망이 없었다. 그는 하나님과 교제를 한다고 생각했었지만, 하나님은 그의 기도를 듣지 않으셨다. 그가 하나님의 종이라고 생각했지만 명백하게도 하나님은 그의 섬김을 좋다고 인정하지 않으셨다. 그가 자신의 목숨이 위태로워지는 것을 감수했으나 그것은 전혀 쓸모없는 일이었다. 요나의 절망이 이해된다. 그의 삶의 핵심부가 타격을 받은 것이다. 가장 중요하게 생각했던 것이 의심을 받게 되고, 삶의 목적이었던 것이 그의 손가락 사이로 빠져나갈 때, 그로서 더는 실제로 살아야 할 이유가 없어진 것이다.

그리고 박 넝쿨의 자라남이 왜 그에게 큰 기쁨을 주었는지도 이해할 수 있다. 그는 거기에서 하나님의 은혜의 상징을 봤던 것이다. 모든 것이 사라진 것은 아니었다. 하나님은 여전히 그와 함께 계셨다. 이것은 그가 버려진 것이 아니라는 사실에 대한 명백한 증거다. 이것은 과거에 발생한 모든 것을 확증해준다. 그러나 그 박 넝쿨이 시들 때, 우리는 완전히 똑같은 드라마를 보게 된다. 심지어 요나는 이 상징이 사라져도 하나님의 은혜가 계속되고 지속한다는 것을 이해하지 못한 채 그 상징에 집착했다. 그 상징 때문에 은혜가 그에게 확실한 것으로 보였다. 또한, 그 상징이 사라진 것 때문에 은혜가 그에게 불확실한 것이 된 것이다. 이것은 또한 우리가 끊임없이 실행하는 행동방식이기도 하다. 이 나무가 죽을 때, 요나는 그것 때문에 은혜의 상징이 아닌 것을 은혜의 상징으로 생각하지는 않았는지, 아주 자연적인 것을 하나님의 탓으로 돌리지는 않았는지, 과거와 똑같이 지금 그가 버림을 받지는 않았는지 다시금 자문하기에 이른다.

그러나 하나님은 여전히 요나를 정죄하지 않으신다. 요나는 죽기를 구한다. 그는 그것을 통해, 지금 그가 하나님의 은혜를 그의 목숨보다 더 붙들고 있고, 이제 요나에게 남아있는 단 하나의 중요한 것은 하나님과 교제하는 것이라는 것이고 또한 그의 기쁨과 그의 생명은 단지 바로 하나님과의 교제에 달렸다는 것을 나타냈다. 요나는 극도의 의심과 절망 속에서 하나님을 향한 자신의 사랑을 나타냈다. 그때 하나님이 응답하시고 요나로 하여금 하나님의 뜻과 사랑의 실재를 깨닫게 하신다.

새로운 탄생의 한계

이 동요와, 극적인 상태들 그리고 요나의 심리는 우리에게 우리 자신에 대해 가르친다. 이미 말했듯이 무엇보다 우리는 두 사람의 공존, 즉 새로운 탄생에도 불구하고 육체적인 인간이 생존하는 문제와 마주한다. 이것을 강조하지는 않을 것이다. 그러나 이것은 또한 하나님이 선택하신 사람이 하나님의 신비들 속으로 깊이 들어가는 것과는 거리가 멀다는 것을 뜻한다. 요나는 많은 것을 알지 못한다. 특히 하나님이 죄인의 죽음이 아니라 그의 구원을 원하신다는 것을 알지 못한다. 요나는 하나님이 사랑이시며, 그를 추적하는 무자비한 싸움꾼만은 아니라는 것을 모른다. 이처럼 하나님이 선택하신 사람은 하나님에 대하여 그분이 그에게 계시하셨던 것만 알 뿐이다. 성령 충만한 사람도 신비들의 작은 부분만 알 뿐이며, 심지어 하나님의 행동에 대하여도 그러하다. 요나의 진기한 경험은 전적으로 우리를 겸손으로 향하게 한다.

우리는 또한 새로운 탄생의 지점에 머물 수 없다는 것을 알아야 한다. 요나는 고래 뱃속으로부터 밖으로 나왔을 때, 상당히 많은 것을 이해했다. 요나는 하나님께 순종하기로 했고, 그분과의 교제에 들어갔다. 그러나 그는 이 첫 번째 접촉에 머물렀고, 반면 그의 소명이 그의 모든 영적 영역을 가득 채웠다. 이것은 우리도 마찬가지이다. 게으름 때문이건 아니면 열정 때문이건, 우리는 우리가 모든 것을 받았고 모든 것을 이해하게 된 것처럼 보이는 이 첫 번째 영적 경험에 머물려고 애를 쓴다. 그리고 요나는 실제로 모든 것에 대해서, 이 첫 번째 순간과의 비교를 통하여, 하나님이 주신 첫 번째 명령과의 비교를 통하여 판단한다. 그는 거기에 집착하고 다른 어떤 것도 들으려 하지 않는다. 초신자는 첫 번째 충만을 그의 손 안에 귀하게 간직하면서도 자신이 단지 긴 여정을 시작했을 뿐이라는 것을 알지 못한다. 이것은 이

제 막 태어나서 자신의 인생이 아직 독립할 시기에 결코 이르지 못했으며, 이를 위해서는 긴 시간이 필요하다는 것을 알지 못하는 한 어린아이의 경우와 완전히 똑같다.

마치 변화된 예수와 항상 함께 머물고자 산꼭대기에 장막을 세우는 일이 베드로에게 불가능했던 것처럼, 회심한 날에 거기서 멈추고 중단하기를 원하는 것은 불가능하다. 그리고 이 첫 번째 경험은 그 뒤를 이을 모든 경험처럼 우리가 그 위에 우리 자신의 기초를 세울 수 없다. 우리의 영적 경험들과 하나님으로 말미암은 것이라고 스스로 인정한 우리 삶의 사실들 위에 기초를 세우려고 노력하는 한, 우리는 요나처럼 기쁨과 의심 사이를 왕복할 것이다. 왜냐하면, 우리의 실제적인 경험과 그에 대하여 우리가 행한 해석에 대해서 결코 확신하지 못하기 때문이다. 우리는 요나처럼 서로 반대되는 경험들을 할 수 있고 그로 인해 우리의 삶에서 긍정적이었던 모든 것을 환상으로 간주할 수 있다.

우리는 개별적으로 우리에게 일어난 것 위에 아무 것도 세워서는 안 된다. 그러나 우리는 실제로 우리 삶의 어떤 사실들을 표적과 기적 혹은 우리를 위한 하나님의 특별하고 개별적인 행동으로 간주할 수 있다. 우리는 거기에서부터 빠져나와 우리에게 의미 있는 것을 추구해야 한다. 표적 그 자체에 우리 자신을 얽어매는 것과는 달리, 이것은 신비한 경험 중 가장 아름다운 것이 될 텐데, 우리가 이제는 과거에 속하게 된 것을 우리의 뒤편으로 돌리고, 무엇이 이 표적을 유발했는지, 그리고 이 표적이 우리에게 무엇을 드러냈는지에 집중해야 한다. 만일 이 경험들에 안주하지 않고 그 경험들을 하나님께 다시 맡긴다면, 만일 우리의 경험들이 아니고 하나님에 가치를 둔다면, 우리의 주관적인 경험들로부터 태동할 수 있는 모든 불확실성은 사라질 것이다. 요나는 하나님을 만났다. 그러나 만일 그가 정말로 하나님께 집중했다면, 하나님의 표적인 박 넝쿨이 사라지고 표적이 실재와 자리를 바꾼다고 요나가 비탄에 빠질 이유가 어디 있겠는가? 당연히 이것은 우리의 주관 때문에 우리 감정을 상하게 한다. 그 기적으로 우리는 하나님과의 개인적인 접촉에서 오는 기분 좋은 느낌을 얻는다. 반면 하나님께 모든 것을 맡기는 것, 하나님의 인내와 사람을 의지하는 것, 그분의 자유를 존중하는 것, 그분의 뜻을 사랑하는 것, 이 모든 객관성은 우리의 의심을 확신으로 옮겨놓기 때문에 그에 대해 안심하고 신뢰감을 느껴야 하지만, 때때로 우리를 얼어붙게 한다.

그뿐만 아니라 요나서에 하나님의 마지막 응답도 이러한 효과에 대해 정확히 답한다. 이번에는 하나님이 그에게 개인적이고 주관적인 표적이 아니라, 니느웨와 관련된 객관적 응답을 주신다. 욥기에서처럼 하나님이 객관적으로 그분의 권능과 사랑으로 요나에게 나타나신다. 그리고 요나를 침묵하게 하신 것도 이 객관적인 계시이다. 이 계시는 요나가 한 걸음 더 나아가 자신의 주관에서 벗어나게 하심으로 하나님의 불변하고 신실하신 사랑 안에 완전히 집중하게 하셨다.

2. 하나님의 인내

1장에서 말한 하나님의 모든 전략은 이중적인 의미에서 하나님의 인내로 수립된 것이다. 하나님은 사람이 설득되는 순간까지 기다리시고 감내하시고 포기하지 않으신다. 하나님은 인간이 저지른 죄를 사면하고 형벌을 유예하는 것을 기꺼이 감내하신다. 이러한 하나님의 인내는 그분의 사랑에 대한 놀라운 증거다. 하나님은 사람이 망친 사역을 사랑으로 막연하게 다시 시작하신다. 하나님은 사람에게서 사랑받으시고, 사람을 사랑하려고 노력하신다. 그분은 모든 방법을 동원하시고, 모든 이해와 모든 오래 참으심과 모든 소망을 사용하신다. 그분은 좌절하지 않으시며, 거듭 하시고 용서하시는 일에 지치지 않으신다. 그러나 하나님은 또한 자신이 원하시는 것을 아신다. 그리고 자신이 사람을 어디로 데려가야 하는지 아신다. 요나가 육지에 내뱉어질 때, 하나님은 그를 축하하지 않으셨다. 그분은 그에게 숨 돌릴 만큼의 시간을 주시고는 자신의 말씀을 전하신다. "일어나 니느웨로 가라 … 내가 네게 명한 것을 선포하라." 욘3:2 처음과 비교해 달라진 것은 아무것도 없다. 하나님의 뜻은 변하지 않았다. 이제 막 흘러간 거대한 역사와 폭풍과 괴물은 한낱 에피소드에 불과하다. 지속하는 것은 하나님이 요구하신 것이다. 요나에게 주어진 명령은 그가 처음 받은 명령과 같은 것이다. 지나간 모든 것은 이 명령과 관련하여 일어난 것이다.

이처럼 많은 변화와 상황 가운데에서도 하나님은 변함없이 존재하시고, 그분의 목적은 같다. 그러므로 만일 우리가 하나님의 뜻이 변했다고 느낀다면 그것은 언제나(모순들이 두드러질 때면 언제나) 하나님의 뜻에 대한 우리의 불완전한 시각과 우리의 주관이 관련된다는 것을 우리는 알아야 한다. 이처럼 우리는 하나님의 특별한 명령, 즉 확실한 소명을 받는다. 우리는 이 소명을 받은 후, 하나님의 관점에서 정죄받을만하게 보이는 진기한 경험들 속으로 끌려갈 수 있다. 여기에서 개신교 내에서 논의되는 기독교 윤리가 선택하는 도피처 중 하나를 발견한다. 사람들은 일반공식을 도출하려고 할 때면 언제나 즉시로 이처럼 덧붙인다. "물론 하나님은 이 명령에 모순되는 소명을 주실 수 있다." 그리고 이것은 또한 요나의 도피처이기도 하다.

요나는 니느웨의 멸망을 선포해야 하는 하나님의 명령 앞에, 하나님의 풍성하신 인자하심과 세상의 파괴를 원치 않으신다는 위대한 계시를 위치시킨다. 그러나 그는 여기에 모순이 없다는 것을 보지 못한다. 여기서 구원의 하나님이 가지고 계신 일반의지와 파괴의 선지자인 요나와 관련된 특수의지가 타협하는 것은 어렵지 않다. 그러한 타협이 항상 쉬운 것은 아니다. 더욱 정확히 말한다면, 일이 벌어지고 난 후에 타협을 고려한다면 그것은 쉽다. 우리는 실제로 모순이란 없었으며, 하나님의 그 놀라운 명령이 그분의 계시와 잘 호응하는 어떤 전체의 일부였다는 것을 깨닫는다. 그러나 이 소명이 자주 의심스러워 보일 수 있다. 어쨌든 우리가 알아야 하는 것은 하나님이 지시하실 때, 그분은 그 입장을 고수하신다는 것이다.

하나님의 객관성이 우리의 주관성들을 가로질러 가시고, 하나님의 신실하심이 우리의 변덕스러움을 보충하신다. 오직 하나님만이 보편적 전략을 아시며, 그 안에서 각자의 소명이 자신의 위치를 발견한다. 우리는 이 신실하심에 의지할 수 있다. 만일 우리가 진정으로 순종한다면 자신의 소명을 판단해서는 안 된다는 것도 알 수 있다. 하나님이 그 소명으로부터 그분이 필요하다고 판단하실 선善을 끄집어내실 것이다.

그러나 이 명령의 지속성과 갱신이 우리에게 교훈한다. 그것은 요나가 이제 막 겪은 이 영적 경험과 그가 받은 은혜에 대한 지식, 그리고 신실하게 살겠다고 요나가 결심했음에도, 요나가 사람들에게 말할 것을 스스로 선택할 수 있을 만큼 자유롭지 않았다는 것이다. 요나 자신의 경험들이나 그가 소유할 수 있었던 계시들을 사람들과 나누어서는 안 된다. 요나는 자신의설교 내용에 대해 결정하지 않았다. 하나님은 결단코 '요나 자신이 선하다고 판단한 것을 니느웨에 선포하러 가라'고는 말씀하지 않으셨다. 하나님이 그에게 변함없이 똑같은 설교를 명령하셨다. 이처럼 우리의 영적 발전 상태가 어떠하든, 우리의 증언은 하나님의 말씀에 연결돼 있다. 그리고 가장 위대한 성인이나 신비주의자라 할지라도 오직 하나님의 말씀에만 기초하지 않는다면 어떤 가치 있는 어떤 것도 말할 수 없다. "만일 천사라도 너희에게 다른 복음을 전하면" 갈1:8 그것을 믿어서는 안 된다. 그리고 개인에게 옳은 것은, 교회에도 옳은 것이다. 교회가 자신의 설교를 선택해서는 안 된다. 교회는 단지 주님의 영원한 명령과 '지금 이곳의' 질서를 가능한 한 가장 신실하게 좇아가야 한다.

결국, 하나님이 요나에게 자신의 명령을 새롭게 하신 것은 요나가 하나님의 소유 안에 있는 도구라는 것을 분명히 말해준다. 하나님은 사람들이 필요하시다. 하나님이 때때로 기적을 통해 무無로부터의 직접 활동하시기도 하지만, 그것은 정말로 매우 드문 경우다. 하나님은 사람을 멸시하시는 분이 아니시며 오히려 요나를 하나님의 일에 동역자로 삼으시는 존귀한 수준까지 높이신다. 그분은 자신의 일을 성취하시기 위해 자신의 일에 대해 사람의 동의를 인내하며 기다리시는분이다.

물론 하나님은 요나의 설교가 없어도 니느웨를 구원하실 수 있다. 그러나 이 신비한 구원에 대해 사람이 아무런 역할도 하지 못하고 아무것도 모른다면, 이것이야말로 사람에 대한 멸시의 절정에 해당할 것이다. 여호와가 요나를 택하실 때, 그분은 니느웨를 위해 결정하신 구원에 그분의 백성(교회)이 참여케 하시기를 원하신 것이다. 이것은 요나의 소명과 그를 향한 하나님의 인내와 추구와 주어진 명령과 베풀어진 은혜와 회심 등이 요나를 위한 것이 아니라 니느웨 때문이라는 것을 우리에게 보여준다. 우리는 때때로 우리의 개인적인, 영적인, 또는 종교적인 삶을 지나치게 중요시한다. 물론 하나님이 우리를 구원하시고자 그분의 아들을 주셔서, 우리가 하나님 앞에서 무한한 진가를 소유하고 있다는 것은 의심할 여지가 없다. 그러나 우리 각자에게 하나님이 요구하시는 사역이 무엇보다 중요하다. 그리스도인은 그리스도의 구원을 받은 자일뿐 아니라, 하나님이 그리스도를 통하여 다른 이들을 구원하시기 위하여 사용하시는 자들이다.

니느웨를 경고하고, 요나를 선택 앞에 세우고, 그의 죄에서 그를 구원하는 것은 절대적으로 필요한 것이었다. 그리고 이것은 계시를 전달하는 백성이 완수해야 한다. 다른 누가 그것을 할 수 있겠는가? 따라서 메신저인 요나가 그 메시지를 가지고 가야 한다. 이처럼 하나님이 요나에 대해 베푸신 보살핌은 결국 니느웨를 구원하기 위한 보살핌이다. 만일 요나가 소명을 받고, 만일 실제로 그가 구원을 받았다면, 그것은 다른 이들을 위한 것이다. 만일 우리에게 은혜가 베풀어진다면, 그것은 무엇보다 믿음이 우리 안에서 발전하는 순간부터 다른 이들을 위한 것이라는 이 확신이 우리에게 스며들어야 한다. 그것은 결코 개개인의 만족을 위한 것이 아니다.

우리의 구원, 우리의 진기한 경험은 우리를 둘러싼 사람들과 더 나아가서 세상의 구원과 진기한 경험에 좌우되는 것이다. 이처럼 그리스도인은 단지 이웃의 구원을 위한 일뿐만 아니라 하나님의 전반적인 사역을 위한 일에 필연적으로 참여한다. 그는 이와 다른 무엇이 될 수 없다. 왜냐하면, 하나님은 사랑이시고 그분이 지나가시는 곳에 사랑의 관계를 세우시기 때문이다. 처음에 요나가 이것을 아주 잘 이해하지는 못했지만, 하나님의 사랑이 그가 이것에 동의하는 데에 이르기까지 인도하셨다.

40일의 유예

그렇게 해서 요나는 니느웨에 가서 선포한다. "앞으로 40일 후에 니느웨가 무너질 것이다." 이 사십이라는 숫자는 성서에 나오는 대부분 숫자처럼 의미가 있다. 알레고리에 빠져서는 안 되지만, 그렇다고 계시가 포함하는 내용을 거부해서도 안 된다. 나는 여기에서 위험한 길이 열린다는 사실을 잘 알고 있지만, 그것이 아마도 무용한 것은 아닐 것이다. 숫자들의 의미에 관하여는, 랍비들의 고전적인 방식으로 접근할 수 있을 것이다.(히브리어에서 각각의 숫자는 히브리 문자로 표현된다. 따라서 그 문자들의 의미를 유추하여 번호와 숫자의 의미를 파악할 수 있다) 그러나 비록 이것이 소위 은밀한 교리에 따른 아벨리오의 공상들보다는 선호할만하더라도, 내가 보기에는 매우 불확실하다. 이것은 계시를 사유화하려고 이용하는 또 한 번의 인간의 시도를 나타내는 일종의 연금술이라 할 수 있다. 이것은 결국 우리를 매우 막연한 신비한 사색들로 인도할 뿐이다. 본문에서 숫자는 그것과 아무런 상관이 없다.

그러나 우리는 성서에 나타난 사십이라는 숫자의 용례를 통해 그것이 무엇을 의미할 수 있는지 명확히 깨닫게 된다. 만일 이 숫자가 어떠한 역할을 하는지에 대한 이야기들을 찾고자 한다면, 먼저 그것들이 매우 많고, 그뿐만 아니라 그것들이 모두 같은 방식으로 방향이 정해져 있다는 것을 알게 될 것이다. 실제로 우리는 그것들을 평행한 두 개의 계열로 정리할 수 있다. 첫 번째 계열은 다음과 같은 것들을 포함한다. 대홍수 때 사십일 간 비가 땅을 뒤덮었고, 깊음이피조물을 다시 자신의 소유로 삼았다. 모세가 이집트인을 살해하고 나서, 즉 그 백성을 여호와께 다시 데려오며 오직 하나님의 권능에만 의지하여 이 백성을 구원하는 그의 사명에 실패할 뻔하고 나서 사십 년간의 기다릴 수밖에 없었다. 그 후 그는 불타는 떨기나무를 통해서 그에게 계시된 하나님의 말씀에 의하여 다시 자신의 길을 걸어가게 된다. 이스라엘 백성이 반역하고, 하나님께 순종하는 것과 약속의 땅으로 들어가려고 그분께 순종하기를 거부했을 때, 광야에서 그백성에게 부과된 것도 똑같은 사십 년간의 기다림이었다. 엘리야가 자신이 하나님의 마지막 종인 것으로 말미암아 절망했을 때, 참 하나님의 종교가 끝이 났다는 것과 국가의 권력들이 승리를 쟁취할 것에 대해 확신했을 때, 그는 무엇보다 자신의 목숨을 구하려고, 그리고 하나님과 만나려고 노력하기 위해 떠난다. 그리고 사십일 동안 걷는다. 마지막으로 우리는 예수께서 공생애의 초기에 사단의 시험을 받으려고 광야로 보냄을 받는다는 것을 안다. 그리고 사십 일간 그 시험이 지속한다.

위의 예에서 보듯이 기다림의 기간이 시험기간을 뜻한다는 것은 매우 분명하다. 우리는 하나님이 부분적으로 그분의 진노를 유예하시고 사람에게 기회를 주시려고 그분의 인내를 허락하신다고 말할 수 있다. 사람은 그 기회를 잡을 수도 있고 거부할 수도 있지만, 그 기회 때문에 하나님의 진노가 그에게 촉발할 위험이 있다. 그러나 이 계열의 본문들에서 놀라운 것은, 진노와 하나님의 심판에 관련된 이 기다림이 언제나 호의적인 해결책으로 정확히 귀착된다는 것이다. 노아가 구원을 받고, 모세가 하나님 백성의수장이 되고, 이스라엘이 팔레스타인에 들어가고, 엘리야가 바알에게 무릎을 꿇지 않은 칠천 명의 사람들이 있다는 것을 알게 되고, 예수께서 시험을 이기시고 천사장이 그의 시중을 든다. 우리는 이 사십일의 유예가 구원으로 귀착되지 않은 경우를 도무지 알지 못한다. 그리고 이것은 요나서 본문뿐 아니라 하나님의 인내의 의미에 대해서도 이미 놀라우리만큼 우리 눈을 밝혀준다. 마치 이 시험의 유예 기간 중에 인간의 뜻이 이미 회심을 한 것처럼, 이미 하나님을 향해 방향을 전환한 것처럼, 마치 그 시험을 이미 이긴 것처럼, 사람에게 요구되는 일이 이미 실재인 것에 대한 일종의 동의와 이행과 구체화에 불과한 것처럼 ….

그리고 이것은 사십이라는 숫자가 발견되는 두 번째 계열의 본문들과 완벽하게 조화를 이룬다. 여기서 중요한 본문들은 다음과 같다. 먼저 대홍수의 물이 줄어드는 사십일이 지나고 구원과 새 언약의 표적을 가져오려고 돌아오는 비둘기 이야기가 등장한다. 또한, 모세가 이스라엘 민족의 수장이 될 때, 그는 시내산에 올라가서 구름과 천둥 속에서 그리고 하나님 앞에서 사십일 동안 숨어서 지낸다. 그가 다시 내려올 때, 그의 얼굴은 하나님의 영광으로 말미암아 너무나 빛나서 얼굴을 가려야 했다. 그 후 이스라엘 백성이 가나안에 들어갈 때에, 그들은 그 나라의 전역을 돌아다니며 각 성에 들어가서 직접 본 것을 보고할 "은밀한 사자들" 또는 정탐꾼을 보내라는 명령을 받는다. 이 사자들은 사십 일간 그곳에 머물렀다. 또한, 방식은 달랐지만, 예수님의 통치에 대해 예언적인 다윗과 솔로몬의 통치도 각각 사십 년간 지속했다.

마지막으로 부활과 승천 사이의 기간도 사십일이다. 따라서 이 숫자는 언약의 수립과 관련이 있다.(옛 언약 또는새 언약) 그러나 이 숫자는 그중에서도 조금은 특별한 요소를 가리킨다. 그것은 은밀하지만 볼 줄 아는 사람들에게는 재론의 여지가 없는 방식으로 하나님의 나라가 이 땅 위에 세워지는 시간이다. 그것은 노아로부터 시작되는 주님의 뜻에 순종하는 신인류의 시간이다. 그것은 하나님이 시내산에서 자신의 백성에게 그분의 율법을 수여하시면서 그들을 점령하시는 시간이다. 그것은 하나님으로부터 보냄을 받은 자들이 은밀하고 상징적이지만 실재적이고 확실한 방식으로 가나안을점령하는 시간이다. 그것은 예수 그리스도의 왕국이 다윗과 솔로몬 안에서 예언적으로 확증되는 시간이다. 예수 그리스도에 대한 이 두 개의 이미지는 그분의 실재를 나타냄과 동시에 은폐한다. 마지막으로 이 사십이란 숫자는 영광스럽게 부활하신 주님의 육체가 이 땅 위에 임재하신 것을 뜻한다. 주님은 자신의 왕권을 수립하시기 위해 바로 이 육체 가운데 다시 오실 것이며 이것이 이 왕권에 대한 실재적이고 은폐된 긍정이다.

그리고 만일 우리가 이 두 계열의 본문들을 합친다면, 우리는 하나를 다른 하나로 조명할 수 있다.(우리는 이미 그것들이 거의 평행적이라는사실을확인할수있다) 이 본문들이 담는 내용은 두 개의 모순적이거나 별개의 의미가 있는 것이 아니라 상호보완적이다. 하나님이 부과하신 시험 기간은 결국 하나님의 이 현존하고 현재적인 왕권을 나타내기 위한 목적이 있다. 그러나 반대로 이 왕권은 그 자체가 사람에게 결정적인 시험이기도 하다. 그는 그 시험 앞에서 더는 뒤로 물러날 데가 없으며 결정해야만 한다. 그는 결국 하나님을 위해 결정하고 그의 왕국에 들어간다.

이처럼 요나가 니느웨인들에게 이 숨 돌릴 여지를 제공할 때 그는 여전히 선지자이다. 그러나 이 말은 앞으로 일어날 일을 예고하는 자를 뜻하는, 현재적이고 대중적인 의미에서의 선지자를 말한다. 의심의 여지없이 요나는 자기가 한 말의 의미를 알지 못한다. 그가 "앞으로 사십일 후"라고 선포할 때, 그는 확실히 자신이 말한 것을 깨닫지 못한다. 그것은 성령께서 그에게 부과하신 말씀이다. 만일 그가 이해했다면, 그 이후에 벌어진 일들에 대해 그가 놀라지 않았을 것이며, 그에 대해 거역하지도 않았을 것이다. 실제로 사십일이라는 이 단순한 단어들은 왕 되신 하나님 앞에서 그리고 이 왕 되심을 위하여 니느웨를 향한 시험 기간을 뜻한다. 이 시험의 유예는 결코 치명적인 것이 아니며, 성서적 상징주의에 의하면 그리스도에게로, 즉 하나님의 뜻에 대해 사람이 동의하도록 인도하는 것이다. 요나가 니느웨에 선포한 것은 이것이다. "당신들은 여호와의 주되심의 임재 앞에 있다. 당신들은 회개하고 당신들 가운데 이 왕권을 이처럼 나타낼 것이다." 그리고 바로 그것이 이루어졌다. 이를테면 하나님이 니느웨를 손에 넣으시고 회개의 사십일 동안 그분이 진실로 주인이신 것을 나타내셨다. 또한 이것은 니느웨 왕 자신이 굴복하고 금식을 명령한 사실이 환기하는 바이기도 하다.

우리는 니느웨가 세상이라는 사실을 잊지 말아야 한다. 이것이 실제로 이 이야기 전체의 핵심이다. 그러나 이처럼 드러난 왕권은 임시적이고 모든 이에게 분명하지 않으며 이미 있고 은폐되었다. 이것은 단지 미래에 전적이고 분명해질 왕권에 대한 예언일 뿐이다. 그래서 역사의 흐름에서 니느웨의 회심이 더는 문제가 되지 않는다. 마찬가지로 우리 역사의 흐름에서, 세상에서 부활하신 그리스도의 육체적인 임재가 더는 문제되지 않는다.

이것은 니느웨의 회심에 대한 중요한 문제를 제기한다. 분명한 것은 이것이 하나님 나라를 선포한 진지한 회심이라는 사실이다. 그러나 그것은 하나님 나라를 선포했을 뿐, 하나님나라를 세운 것은 아니다. 따라서 그것은 역사 안에 기록되고 영원히 지속하기 위한 회심은 아니다. 그러나 그 회심은 니느웨의 구원을 확실케 했다.

그리고 이 모든 것은 우리를 하나님 인내의 그 중심부로 인도한다. 실재적으로 하나님은 인간이 죄인인 것을 참아내신다. 그분은 죄를 몹시 싫어하시지만, 인간이 멸망하는 것을 받아들이지 못하신다. 그분은 악을 미워하신다. 왜냐하면, 그것이 인간을 생명에서 벗어나게 하고 인간을 죽음과 고통 속에 잠기게 하기 때문이다. 그러나 바로 이러한 이유 때문에 그분은 죄인을 참아내시고, 순전히 그리고 단순히 인간을 멸망시키는 것을 거부하신다. 이것은 아담과 함께 시작되었다. 그리고 하나님은 용서치 않고 정죄하기 보다는 그분의 권능과 정의를 포기하신다. 그리고 그분은 죄인을 여전히 피조물인 인간으로 대하시면서, 자신의 뜻과 자신의 선택과 자신의 사랑에 호소하며 인간을 존중하신다.(하나님은 그분의 아들 안에서 하나님 자신을 대하거나 사람이 자기 자신에게 대하는 것보다도 훨씬 낫게 사람을 대하신다. 이것이 사랑이다) 이를 위해 하나님은 사람에게 필요한 모든 시간 동안 기다리시고, 이 유예기간에 결국 자신의 방향에서 돌이켜 아버지와의 교제 안으로 다시 들어올 때, 하나님은 기뻐하신다.

그러나 이러한 관점에서 하나님의 니느웨에 대한 결정의 이야기에는 몇 가지 요소들이 첨가된다. 여기서 죄는 하나님 앞에서 괴물임과 동시에 거대하고 근본적인 무지인 것처럼 나타난다. "이 사람들은 좌우를 분변치 못한다." 욘4:11 이것이 성서에 나타난 죄의 개념 가운데 매우 드문한 것이긴 하지만, 전통적인 죄의 개념과 배치되는 것은 아니다. 예수께서 목자 없는 어린 양들처럼 헤매는 군중을 향해 연민을 또

현하실 때 그분이 말씀하시고자 한 바이기도 하기 때문이다. 또한, 여기서 우리는 무엇을 해야 하는지 알지 못하고, 진정한 선과 악을 분별조차 하지 못하기 때문에 죄를 짓는 사람들과 마주한다. 자신 안에 있는 선과 악의 지식을 인간에게 주고자 했던 아담의 불순종이 실제로 귀착하는 곳도 바로 이 지점이다. 인간은 더는 아무것도 알지 못한다. 그러나 선과 악을 구분하는 것은 명명백백한 것이다. 바울도 로마서 1, 2장에서 이것이 얼마나 명백한 일인지를 우리에게 상기시킨다. 요나서 본문은 이것이 오른쪽과 왼쪽을 구분하는 것만큼 명백한 것이라고 우리에게 말한다. 그러나 인간이 이제 이 명백한 것을 외면한다. 왜냐하면, 선과 악을 대할 때, 하나님의 시선으로 하나님이 그것들을 보시고 구별하시는 것처럼 바라보는 대신에, 마치 자신이 그것들을 결정하는 것처럼 그는 자기 자신 안에서 선과 악을 바라보기 때문이다. 니느웨 주민들은 매우 복잡한 종교를 가지고 있었다. 그들은, 우리들의 것과는 다르지만, 인본적 관점에서 완벽히 유효한 윤리를 가지고 있었는데, 그 윤리는 그들이 선이라고 부르는 것과 그들이 악이라고 부르는 것을 구별하는 데 사용됐다. 그들은 자신들의 처지에서 선을 대표하는 질서를 부여하는, 매우 강력한 국가를 가지고 있었다. 불순종은 악이기 때문에, 이 질서에 대한 불순종은 죽음의 처벌을 받았다. 그리고 이러한 구조에서 니느웨인들이 우리보다 악하지 않았기때문에 그들은 선을 행한 것 같다. 왜냐하면, 그들은 대체로 그들의 종교와 그들의 도덕과 그들의 국가의 규범들을 좇았기 때문이다. 이 모든 것에서 그들은 우리와 유사했다.

그렇지만, 하나님은 우리에게 이 모든 것이 아무런 쓸모가 없다는 것을 계시하신다. 그들은 실제로 선을 악에서 분간하지 못했다. 그들이 악인 줄 알지 못하고 악을 행했지만 그럼에도 그것은 악이며, 악의 현존은 하나님께서 참을 수 없었다. 그들이 알지 못했다 해도 하나님 앞에서 그들의 사악함은 명백하다. "그들의 악독이 내 앞에 상달하였음이라."욘1:2 그들의 무지하다는 이유가 그들의 행동을 절대적으로 정당화할 수 없으며 그들의 책임을 가볍게 하지 못한다. 성서에서 책임은 지식과 관련이 없다. 그들은 사탄의 영역에 속한다. 이러한 이유로 그들이 정죄를 받았다. 그뿐만 아니라 이러한 정죄 가운데로 인간이 짐승들을 끌고 간다. 그 짐승들도 아무런 책임이 없지만, 자신들의 왕, 자신들의 타락한 수장과 연결이 돼 있다. 그 짐승들은 그들을 위협하는 파멸 속에 둘러싸여 있다. 타락한 인간이 여전히 피조물의 왕이며 수장이다. 인간은 피조물 위에 군림하며 피조물이 자신의 길을 좇게 한다. 그러나 짐승들도 역시 하나님을 의지한다. 그분은 파멸하려고 그것들을 창조하지 않으셨다. 그분은 구원의 사역에서 짐승들을 무시하지 않으신다. 그리고 또한 그 짐승들을 위하여 구속이 성취된다. 사람이 구원받고 나서, 그는 자신이 왕 노릇을 하는 짐승들을 끌고 간다. 하나님 앞에서 사람과 짐승들은 공동으로 간주하며 함께 구원받는다.

하나님의 긍휼하심

인간의 무지와 방황, 노력과 추구 때문에 하나님은 인간을 불쌍히 여기신다. 마치 예수님이 군중 앞에서 그들의 노력과 그들의 추구 때문에 연민을 느끼신 것과 같다. 확실히 이 본문은 그 자체가 우리에게 이 점을 말해주고 있다. "네가 아무런 수고도 아니한 이 박 넝쿨을 네가 아꼈거든 … 하물며 내가 이 큰 성읍 니느웨를 아끼지 아니하랴

…" 욘4:10-11 그 도시가 많은 수고를 했다는 것, 즉 사람들이 고통을 받았고 일 했고 찾았다는 점이 암시되어 있다. 하나님은 사람의 일이 죄 가운데 수행되고 악에 참여한다 할지라도 그 일을 고려하신다. 하나님은 사람이 하는 것을 진지하게 대하신다. 왜냐하면, 하나님이 그의 노동을 포함한 사람 전체를 사랑하시기 때문이다. 하나님은 연민을 갖고 계신다. 하나님이 요나를 보내신다면, 그것은 하나님이 연민을 갖고 계시기 때문이다. 그분은 자신의 사랑 안에서 이 큰 도시를, 세상을 구하기로 하셨다. 그리고 그 도시를 구원받는 상황 속에 처하게 하신다.

그리고 니느웨의 구원은 니느웨인들이 선과 악을 알지 못하고, 책임이 없고, 정죄 받을 수 없기 때문이 결코 아니다. 사물을 그와 같이 보는 것은 다시 한 번 인간의 교만을 환영하고, 인간의 면책특권과 하나님을 향한 인간의 독립성을 확고부동하게 하는 것이다. 하나님은 그들이 비참한 가운데 있기 때문에 불쌍히 여기신다. 그들의 군대와 그들의 기술과 그들의 행정과 그들의 종교에도 그들이 비참 가운데 있다. 왜냐하면, 하나님을 따라서 선과 악을 구분하지 못하는 것보다 더 큰 비참은 없기 때문이다. 그들에겐 나라와 왕이 있지만, 목자가 없다. 왜냐하면, 절대적으로 의로우신 동시에 절대적으로 긍휼하신 주님 외에는 우리가 신뢰할 수 있는 인도자란 없기 때문이다.

우리 시대 사람들은 이점을 잘 안다. 국가의 정권이 바뀌면 이전 사람들은 그들의 충성으로 인해 새정권의 심판을 받는다. 마치 공산당 내에서 공산주의에 대한 그들의 충절 때문에 자신들의 지도자에 의해 정죄를 받는 것과 마찬가지이다. 그러나 만일 그들이 불쌍히 여겨진다면 이것은 오직 하나님께 달린 것이다. 사람들의 모든 구원은 하나님의 긍휼 하심에 의존한다. 그리고 만일 하나님이 긍휼하심을 그치신다면, 우리의 지옥에는 빠져나갈 수 있는 어떠한 출구도 없다. 그러나 하나님은 사랑이시기 때문에 그분은 긍휼하심을 멈추지 않으신다.

하나님이 요나를 보내셔서 세상을 진정한 선과 악 앞에 세우신다. 실제로 요나는 하나님과 사람들 사이에 존재하는 분리를 공표한다. 이 분리는 인간의 죽음을 불러온다. 요나가 보냄을 받은 것은 니느웨로 하여금 자신이 처한 참 상황을 의식하도록 하기 위해서였다. 국가의 도덕과 권력의 규범을 넘어서고 인간의 확신을 넘어서서, 요나는 니느웨를, 니느웨의 정부와 짐승들을 하나님의 뜻 앞에 위치시킨다. 그리고 실제로 사람이 자기 안에 있는 악과 선의 실재를 의식할 수 있는 것은 오직 이 하나님의 뜻과 마주할 때이다. 그가 이때까지 선이라고 여겼던 모든 것이 실제로는 자신에게 손실이라고 생각하는 것을 배울 수 있는 것은빌3:7 단지 하나님 정의의 비타협성과 마주할 때이다. 요나의 설교는 극적劇的으로 단순하다. 그는 명백하게 니느웨의 심판과 죽음을 예고한다. 신비하고 은밀한 방식으로 그는 니느웨의 용서를 예고한다. 그러나 니느웨는 자신의 정죄를 받아들여야만 이 용서를 붙잡을 수 있다. 따라서 이것은 도덕적 설교가 아니다. 그는 니느웨에 아무 말도 하지 않는다. 죄수들을 학살하는 것과 전쟁을 일으키는 것을 중지하라고 말하지 않는다. 이것은 하나님의 결정에 대한 설교다. 그는 니느웨를 하나님의 뜻 앞에 앉힌다.

그리고 이러한 결정은 니느웨에 근거 없고 비이성적인 것으로 나타났음이 틀림없다. 그분의 결정을 니느웨에 공표하는 것은 그 주민들의 폭소를 자아내게 할 것이라고 말할 수도 있다. 제1위에 해당하는 군사력을 가지고, 바빌로니아와 이집트를 꺾은 정복자들인 니느웨인들은 누구도 두려워하지 않는다. 따라서 니느웨의 멸망을 말하는 것은 인간적인 관점에서 신빙성이 없다. 그러나 이것은 점쟁이의 설교나 정치가의 예상이 아니라, 바로 하나님의 말씀에 대한 설교다. 따라서 니느웨는 개연성이 있을 수도 없을 수도 있는 사실 앞이 아니라, 계시 앞에 있는 것이다. 그리고 이 순간에 니느웨가 하나님의 말씀을 하나의 정치적 연설로, 반정부적 행위로, 미치광이의 말로, 경제적 이해의 표현으로, 전문가의 선언으로 간주할 것인가, 아니면 하나님의 결정을 나타내는 하나님의 말씀으로 간주할 것인가를 아는 것이 관건이 된다.

첫 번째 경우 혁명가를 살해하고, 미치광이를 투옥하고, 전문가와 토론할 수 있다. 그러나 두 번째 경우에는 머리를 숙이고 회개의 길로 들어가 그 결정을 받아들이는 것 외에 다른 방법은 없다. 그 이유는 그 결정이 옳거나 좋아서도, 합리적이거나 사실이기 때문도 아니다. 그것이 하나님으로부터 말미암는 것이기 때문이다.

그리고 사람이 보기에, 사람의 기준에 의하면 실제로 하나님의 결정은 언제나 불의하고 비합리적이고 논쟁할 만한 것으로 보인다.

니느웨가 이 설교에 반대할 가능성이 너무나 컸다. 그런데 우리는 여기서 신비와 기적과 마주한다. 즉, 니느웨가 우리가 인간적인 관점에서 기대할 수 있었던 것처럼 절대 행동하지 않았다. 하나님 말씀의 진정한 선포에 직면할 때 인간의 반응 중에서 절대 예측 불가능한 요소가 있다. 하나님의 말씀 밖으로 나아가려고 애쓰거나, 먼저 그 말씀이 누구에게 적용될지 또는 거기에 어떤 혜택이 있는지를 찾는 것은 헛된 일이다. 그것은 진실로 타락했음에도 피조물의 마음속에 하나님이 임재하시는 신비이다. 우리가 볼 수 있는 모든 것, 우리에게 계시된 첫 걸음, 그것을 행하신 분은 하나님이시다. 이것이 하나님의 연민이다.

니느웨는 하나님의 말씀을 인정하고 회개한다. 이것은 사회적이거나 인도주의적인 이유도 아니고, 양심의 이유도 아니며, 단지 니느웨에 허락된 시간 동안 니느웨가 하나님의 뜻이라고 인정한 바로 그 하나님의 뜻 앞에 니느웨가 서 있기 때문이다. 니느웨의 결심이 하나님의 결심에 답한다. 이것은 니느웨가 자기 자신을 정죄하고, 그때부터 니느웨이기를 그친다는 것을 뜻하는 대답에 불과하다. 회개는 회개는 경건하지만 허망한 중언부언도 아니고 후회도 아니다. 그것은 우리의 본문이 강력하게 말하는 것처럼욘3:9 소망, 사람이 변하기 때문에 나타나는 소망이다. 완전히 전쟁 편향이었던 니느웨가 실제로 폭력성에 대해 자신을 고발한다.욘3:8 즉, 니느웨가 지금까지 자신에게 선이었던 것을 악이라고 인정한 것이다. 그리고 자신의 힘과 호전성에 자부심을 느꼈던 니느웨가 겸비해질 때 니느웨이기를 그친다. "우리로 멸망치 않게 하시리라"욘3:9 바로 그것이 하나님 인내의 의미이다.

이것이 우리 인생의 의미이다. 우리 인생은 우리가 살아가도록 하나님이 주신 시간 외에 아무것도 아니다. 이 시간은 하나님의 인내 때문에 우리에게 주어진다. 이 인내는 회개, 우리의 회개를 기다린다. 이 땅 위에서 우리에게 할당된 세월에 다른 의미나 다른 가능한 방향은 없다. 우리 전 인생이 그의 왕국에서 하나님의 영광에 이를 때까지.

하나님의 뜻을 돌이키심

니느웨의 회개 앞에서 이번엔 하나님이 뜻을 돌이키신다고 10절은 말한다. "하나님이 그들에게 내리리라 말씀하신 재앙을 내리지 아니하시니라." 이것은 하나님에 관한 놀라운 표현이지만 성서에서 빈번하게 발견되는 것이기도 하다. 하나님이 어떤 것을 결정하시고 난 후에 사건들이 변한다. 그때 하나님이 생각을 바꾸신다. 그분이 뜻을 돌이키신다. 이것을 일종의 수사적 표현으로 규정하여 없애버리려고 하는 것은 헛된 일이다. 철학자들은 하나님이 변할 수 없다고 말할 것이다. 그것은 사실이다. 그러나 성서에 계시된 하나님은 철학자들의 하나님이 아니다. 또한, 여기에서 이스라엘 백성의 원시적 특징을 부여하는 것도 헛되다. 역사가들은 여기에 조야한 신인동형론이 관련돼 있으므로 중요시할 필요가 없다고 생각한다. 신인동형론이 관련된 것도 역시 사실이다. 그러나 하나님은 역사가들의 하나님이 아니다. 이 돌이킴과 관련하여 첫 번째로 주목할 바는 이것이다. 하나님은 시행하기로 하셨던 악에서 돌이키실지언정, 결코 선에서 돌이키지 않으신다. 이 일반원리는 바울에 의해 공식화되고롬2장 성서의 본문 전체에서 확인된다. 내가 아는 바로는 하나님이 행하신 선에서 돌이키신 것은 단 한 번뿐이다. 그러나 그것은 신학적인 이유보다는 문학적인 이유에 의해 더 잘 설명된다. 실제로 이 돌이키심은 어떤 악, 어떤 고통이 인간에게 위험이 될 때 일어났다.

다른 한편, 니느웨의 회개와 하나님의 돌이키심이 히브리어로 같은 단어가 아니라는 것을 강조하는 것도 의심할 여지없이 중요하다. 일반적으로 성서에서 인간의 회개와 하나님의 돌이키심은 별개의 단어들이다. 사람과 관련하여, 슈브shubb는 우리가 위에서 본 바와 같이 그 사람의 태도와 방향과 그의 존재에서의 바뀜과 변화(회심)를 의미한다. 하나님과 관련하여, 가장 자주 사용된 것은 나함nacham이며, 이 돌이키심은 방향의 변화가 아니라 위로받으셔야 하는 내적 고통의 범주에 속한다. 나함은 그분 자신 때문이 아니라 자신과 타자들과의 사이의 관계로말미암은 고통이다. 나함은 사람이 하나님의 부르심에 응답하지 않을 때나 하나님의 정의가 필연적으로 사람을 심판할 때에, 하나님과 사람 사이의 관계에 존속된다. 의로우시고 완전히 거룩하신 하나님은 오직 정죄하실 수만 있다. 그러나 사람이 회개하자마자, 그가 변하자마자, 하나님은 정죄한 것으로 말미암아 고통을 느끼신다. 우리는 하나님이 그 정죄를 없애신다고 절대적으로 말할 수는 없다. 왜냐하면, 하나님은 변하지 않으시며 이루어진 것은 이루어진 것이기 때문이다. 그분이 결정하신 것은 그분이 결정하신 것이다. 더욱이 그것은 영원 전부터 결정이 된 것이다. 하나님이 돌이키신다고 말할 때, 그것은 하나님이 고통을 당하시는 것이지만, 하나님은 자신의 정의가 필요하다가 판단하신 것을 바꾸지 않으신다.

그렇지만, 하나님의 정의는 과거의 죄 때문에 정죄가 필요한 것으로 판단하신다. 회개는 그 자체로 과거를 지우지 못한다. 한번 저질러진 비난 받을 만한 행동은 회개 이후에도 여전히 남는다. 정죄가 자동으로 철회될 수는 없다. 내재적인 메커니즘은 없다. 인간의 행위인 회개는 인간에 의해 실현된 죄들을 삭제하지 못한다. 그 둘 사이엔 등가가 성립되지 않는다. 이 둘 사이에 하나님이 뜻을 돌이키시는, 즉 고통받으시고 위로하신다는 사실이 있다.

그러나 이 고통의 의미를 명확히 밝혀야 한다. 이것은 정죄한 것에 대한 후회나 하나님으로 하여금 정죄를 제거하시게 하는 좋은 생각과 같은 단순한 감정이 아니다.(이것은 태도의 변화일 것이다) 그러나 하나님의 이 돌이키심을 말하는 본문 대부분은 "그들에게 내리겠다고 정하신 악에서 돌이키신다"고 말한다. 하나님은 악으로 말미암아 고통받으신다. 단지 악 때문만이 아니라 악 그 자체로 말미암아 고통을 받으신다. 우리는 이치에 어긋남 없이 말할 수 있다. 하나님은자신이 그들에게 내리시겠다고 정하신 악으로 말미암아 고통받으신다. 그분은 인간의 죄의 삯이었던 이 악을 자신에게 돌린다. 그분은 자신의 정의 안에서 인간에게 부과해야 했던 바로 그 고통을 감수하신다. 이처럼 하나님은 이 심판을 자신에게 돌리시는데, 이것이 하나님의 돌이키심의 의미이다. 그리고 우리는 예수 그리스도 안에서 이것이 충만하게 그리고 모두를 위해서 성취되는 것을 본다. 예수 그리스도는 분명히 각자를 위해 결정된 모든 심판과 모든 고통, 그리고 세상의 심판과 고통이 그 위에 떨어지는 분이다. 실제로 인간의 회개 앞에서 하나님의 돌이키신 결과가 예수 그리스도이시다. 그리고 성서에서 이 회개가 문제가 될 때는 언제나, 예수 그리스도에 대한 새로운 예언이 하나님의 정의와 하나님의 사랑을 어느 하나도 제거하지 않고 동시에 성취한다.

오직 인간적 판단의 관점에서만 하나님의 태도에서 변화의 모습이 나타난다. 여호와가 심판을 예고하시고 나서 그것을 성취하지 않으실 때, 만일 우리가 믿는 자라면 우리는 그분이 뜻을 바꾸셨다고 말한다. 만일 우리가 믿지 않는다면, 하나님이 없다고 말한다. 그러나 이것은 순전히 세속적인 관점이다. 왜냐하면, 우리는 세상 끝 날까지 고통당하시는 예수님을 볼 수 없기 때문이다. 역사의 시작 이후, 하나님의 계획은 변하지 않았다. 그분의 계획은 자기 자신의 진노로부터 세상을 구원하시는 것이다.

3. 세 번째 예언

니느웨를 주제로 한, 요나와 하나님 사이의 이 토론에서, 요나는 완전히 예수님의 비유 속에 나오는 악한 종처럼 나타난다. 주인은 종이

진 엄청난 빚을 탕감해주었다. 그러나 주인의 자비를 경험한 면담의 자리를 떠나서, 그는 자신에게 약간의 빚을 진 채무자 중 한 사람을 향해 발걸음을 재촉한다. 그 채무자는 그에게 약간의 빚을 지고 있을 뿐이지만 그는 그 빚을 다 갚도록 강요한다. 이것은 우리의 이전 연구에서도 이미 언급된 바지만, 요나서 전체에서 아무리 강조해도 지나치지 않다. 요나서의 각장은 예언에 속한다. 실제로 요나서의 각장은 증언으로 사용되도록 예수 그리스도의 사역의 또 다른 측면에서 우리에게 계시하시고 앞서서 공포한다는 점에서 예언적이다.

우리가 지금까지 하나님의 인내에 대해 이야기해 온 것은, 인내에 의존하는 예언의 조금은 특별한 형태를 잘 설명해준다. 이 세 번째 예언에 대한 결정적 사실은 그 이야기의 두 부분 사이에 나타나는 평행이다. 우리는 성서의 이야기들을 소설들처럼, 다시 말하면 단선적으로, 시간의 흐름에 따라 서로 밀착하며 하나가 다른 것들에 인과율에 의해 종속되는 일련의 사건들처럼 대하려는 유혹에 너무나 자주 빠진다. 그렇게 본다면 요나 이야기는 다음과 같다. 요나는 니느웨로가라는 명령에 순종하지 않는다. 그 후 하나님이 그를 순종하게 하셔서 요나가 니느웨에 간다. 거기서 그가 전한 말은 성취되지 않지만 니느웨가 회개한다. 요나 이야기를 이렇게 이해하는 것은(모든 성서의 이야기들과 마찬가지로) 거기에 다소 윤색을 가한다 해도 영적인 의미에서 아무것도 이해하지 못하는 것이다. 이 이야기들은 의미 있는 전체로서(연대기적이 아니라) 포착해야 하며, 다양한 부분들을 연결하는 내적 고리들과 함께 그 이야기들을 통합적으로 고려해야 한다. 이와는 완전히 반대 의미에서, 주석가들은 우리가 전혀 별개인 두 개의 이야기들 앞에 있다는 점을 지적한다. 먼저 요나 이야기가 있고 그 후에 니느웨 이야기가 있다는 것이다. 그렇지 않으면 이 두 이야기의 주인공 이름이 요나이기 때문에, 그 둘 사이의 관계를 알아보기 어렵다고 주장한다.

반대로 내가 보기에는 이 관계가 매우 엄격하다. 또한, 바로 그것이 세 번째 예언을 형성한다. 요나와 니느웨의 진기한 경험들은 완전히 평행적이다. 요나는 하나님의 뜻에 순종하지 않은 사람이다. 니느웨 또한 하나님 뜻에 순종하지 않는다. 요나는 정죄 받고 지옥으로 뛰어든다. 니느웨는 임박한 심판 앞에 놓인다. 요나는 회개하고 니느웨는 금식한다. 요나는 은혜로 말미암아 구원을 받고 니느웨는 은혜로 말미암아 용서를 받는다. 전반부에서 요나에게 일어난 일이 후반부에서 니느웨에게 재현된다고 진실로 말할 수 있다. 게다가 니느웨의 진기한 경험은 요나를 매개로 하여 일어난다는 점을 상기하자. 니느웨에서 이방인인 요나가 택함 받은 백성을 떠나 그곳으로 가서, 자기 자신을 위해 니느웨의 모든 진기한 경험을 겪었다. 요나는, 하나님의 말씀을 니느웨에 전할 때, 니느웨가 재생산하고 좇아갈 모든 과정을 겪었다. 요나에게 닥친 일은 그 큰 도시에 닥친 일이다. 실제로 그들 사이에는 운명공동체가 있다. 왜냐하면, 요나의 삶에 일어난 것은 결국 각 사람에게 일어난 것이기 때문이다. 지옥 깊은 곳에서 요나에게 허락된 구원은 하나님이 모든 사람을 위해 결정하신 것이다. 따라서 요나는 그의 진기한 경험들과 그의 삶 자체에서 보편적인 것이 될 구원의 결정을 예고한 것이다.

그러나 요나가 첫 번째로 지나가야 했고, 그가 이 일련의 사건들을 첫 번째로 통과해야 했다. 우리는 또한 니느웨가 이 삶의 단계들을 재생산할 때, 니느웨의 진기한 경험은 요나의 것보다 훨씬 덜 강조되고 덜 멀리 간다는 점에 주목한다. 그러나 그들에게 베풀어진 것은 똑같은 은혜이고 그들에게 허락된 것은 똑같은 구원이다. 니느웨의 구원은 먼저 요나에게 주어졌다. 그래서 니느웨의 구원은 어느 정도 요나의 구원에 종속되는 것이다.

그러나 만일 우리가 이 이야기를 인간적 차원에서만 고려한다면, 우리가 방금 확인한 것들이 반드시 사실인 것은 아니다. 어쨌든 그것은 의미 있는 것이 아니다. 우리는 그것을 매우 단순한 관점에서 다음과 같이 해석할 수 있다.: 요나가 니느웨에서 자신의 역할을 완수하기 위해 이 경험을 해야만 했다. 실제로 우리는 이것보다 더 멀리 나아가야 한다. 만일 우리가 거기에서 머문다면, 요나서는 우리에게 낯선 이야기를 말하는 것이 된다.

그 이야기의 두 부분의 관계는 우연한 것도, 억지로 지어낸 것도 아니다. 그것은 예언적이다. 이 전체가 의미를 가지려고(한 가지 의미가 있다!) 이것을 다른 방식으로 구상할 수 없다. 왜냐하면, 사람들의 인생에서 도시의 구원과 더 나아가 세상의 구원이 한 사람이 하나님 앞에서 취할 태도에 달렸다는 것은 사실이 아니기 때문이다. 그렇지 않으면 이 사람이 유일무이한 자질을 가져야 하며, 사실인즉 그가 하나님과 다르지 않아야 한다. 이 모든 것은, 예수 그리스도와 관련된 것이다. 그리고 이 세 번째 예언은 예수 그리스도의 삶, 죽음, 부활과 그분이 구원하러 오신 모든 사람의 삶, 죽음, 부활 사이의 관계를 우리에게 보여준다. 실제로 요나와 니느웨의 관계가 진리를 도출하는 것은 그리스도와 세상과의 관계 안에서이다. 죽음 안에 거하는 자들을 소망 없이 사탄에게 넘기지 않고 영적인 죽음 가운데 있는 자들을 회개시키려고, 그분이 죽음 속으로 내려가셔야 했다. 그리고 만일 그분이 첫 번째로 그곳을 지나가지 않는다면, 할 수 있는 일은 아무것도 없다. 또한, 모든 사람이 그분을 따라 죽음에서 벗어나려면 그분이 부활로 말미암아 거기에서 벗어나야 했다. 그리고 그분이 모든 것의 첫 번째가 되시기 위해서 은혜와 용서 가운데로 들어가셔야 했다. 그것은 멸망 안에서 아담과 모든 사람의 계약이지만, 또한 여기에서 확립된 구원 안에서 예수 그리스도와 모든 사람의 관계이다.

물론 이에 대한 반론이 요나가 예수 그리스도가 아니라는 사실에서 제기된다. 이미 우리는 그것을 다뤘다. 그러나 그 반론을 고수하려는 목적으로 요나는 죄인이지만 예수님은 죄가 없으시다는 사실을 의거할 수는 없다는 점을 분명히 알아야 한다. 왜냐하면, 우리는 우리의 운명을 자신의 그것과 연결시키기 위해 예수가 우리를 위해 죄가 되셨다는 사실을 간과해서는 안 되기 때문이다. 고후5:21

이처럼 모든 측면에서 이 거대한 건축물이 올라간다. 그것은 역사의 우연이나 인간적인 창작으로부터 아주 멀찍이 떨어져서 견고하게 계산되고 방향 지어지고 꾸준하게 건축이 된다. 그것은 그 구조물의 정상에서만 의미가 있으며, 그 일이 선지자적인 일인 것을 알지도 못한 채 각각 자신의 일을 완수했던 수많은 세대가 기다려온 독생자를 가리킨다. 그분은 구원자이며 동시에 주님이시다. 그분은 각자에게 그리고 각자로부터 그분이 현실에서 어떤 분인지를 계시하신다.

그래서 요나서는 아직 완성되지 않았다. 그것은 하나님이 요나에게 물으셨던 마지막 질문에 대해 미완성인 채로 남아 있다. 요나의 대답은 없다. 물론 요나가 결국 이해했는지, 그가 겸손과 찬양 가운데서 대답했는지, 아니면 그가 마지막으로 등을 돌렸는지를 알지 못하는 것은 매우 실망스럽다. 그러나 진실로 요나의 입장에서 이에 대한 답변은 있을 수 없었다. 왜냐하면, 이 질문은 요나의 구원에 대한 질문이 아니라 세상의 삶과 죽음에 대한 질문이기 때문이다. 그는 이에 대해 대답할 수 없었고 그 질문은 우리 각자에게와 의심할 여지없이 더 많은 사람에게 여전히 던져져 있다. 왜냐하면, 그 질문은 또 다른 사람의 답변을 기다려왔기 때문이다.

요나서는 그것의 결론을 받지 않았다. 이 책의 마지막 질문은 하나님의 자비하심의 충만을 성취하시고, 신화의 형태로서가 아니라 실제로 세상의 구원을 성취한 그분의 대답을 받을 뿐이다.

부록

내용요약
엘륄의 저서(연대기순) 및 연구서

내용요약

서론

요나서를 진지하게 대하는 사람은 많지 않다. 믿기 어려운 기록들과 이야기들로 가득 차 있기 때문이다. 이에 대해 "부조리하기에 믿는다"거나 하나의 도덕교훈서 정도로 보는 양극단의 태도들은 바람직하지 않다. 유대인들이 이 책을 정경으로, 특히 예언서로 인정했다는 점을 주목할 필요가 있다. 사실 요나서는 일반적인 예언서와는 여러모로 다르다. 예언서들은 이스라엘 중심이고 언약중심이며, 이스라엘의 특정한 시대와 관련된 구체적인 말씀들이다. 그러나 요나서는 이스라엘 밖에 주어진, 이스라엘과 무관한 예언이란 점이 독특하다. 그럼에도, 왜 유대인들은 요나서를 예언서로 인정했을까? 그것은 그들이 알지 못하는 이유, 즉 예수 그리스도 때문이다. 실제로 죽음을 당하신 예수에 종속되고 연결됨으로 인해 요나 이야기가 허구나 시적 과장이 아니라 요나가 대표하는 이스라엘에 대한 예언이 된다.

1장 · 주의 말씀이 요나에게 임하다

1. 하나님의 선택

하나님께서 요나를 택하신 이유는 분명하지 않다. 1절은 단지 "하나님의 말씀이 요나에게 임하였느니라"라고 할 뿐이다. 이 하나님의 말씀은 언어로 된 인간들 사이의 명령과는 달리, 근본적으로 말이 아니라 능력이며 행동이다. 그것은 언제나 창조적이고 구원적이며 반드시 효과가 있다. 그 말씀이 임할 때 요나는 자신의 운명을 벗어나서 역사를 바꾸도록 부름을 받는다. 하나님의 선택은 개별적이지만 개인주의적이지 않다. 그것은 이스라엘의 언약과 관련하여 요나에게 주어진 것이다.

또한, 그 선택은 택함 받은 자를 개인적으로 만족게 하고 기쁘게 하기 위해서가 아니라 그를 특별한 일과 행동에 투입하려는 것이다. 일반적인 선택이란 없고, 언제나 구체적인 어떤 행위, 한정된 어떤 사역에 참여하는 소명을 위한 선택만이 있다. 모든 사람은 이 소명을 인식하는 순간 도피하기 시작하지만, 하나님의 선택은 여전히 효력을 가진다. 하나님께서 소명이 완수되기까지 택함 받은 자를 추적하신다. 모든 것, 심지어 자연현상까지도 선택받은 자를 중심으로 정돈되며, 하나님께서 그가 자신의 소명을 완수할 수 있도록 모든 자연계를 움직이게 하신다.

2. 인간의 태도

1장에는 요나와 선원들이라는 두 부류의 사람들이 나타난다. 요나는 니느웨로 가라는 하나님의 말씀을 거부했다. 인간적인 관점에서 그의 거부는 전적으로 합당하다. 사막을 관통하는 먼 길을 여행하여 이스라엘에 적대적인 잔인한 민족 앗시리아의 거대도시로 간다는 것은 위험한 일이다. 더구나 니느웨는 바빌론처럼 하나님을 거부하고 대항하는 인간의 교만과 권능의 도시이며, 신학적인 의미에서 '세상'

이다. 요나는 하나님이 지시한 곳과는 정반대 방향인 다시스로 향하는 배에 오른다. 그는 아담과 카인처럼 하나님의 낯을 피하여 멀리 도망하고, 택하신 백성과도 단절한다. 또한, 그는 폭풍이 이는 동안에 배 밑바닥에 내려가 잠을 잔다. 이것은 폭풍을 하나님의 부르심과 지시와는 무관한 하나의 자연현상으로만 보려고 한 것이며, 동시에 위험에 처한 다른 사람들과 영적인 운명 속에서 연대하기를 거절한 것이다.

욥바의 선원들은 영문도 모른 채 이 이야기에 참여한다. 그들은 오늘날로 말하면 비그리스도인들이지만 그리스도인과 같은 배에 탔기 때문에 그들의 운명은 서로 관련이 된다. 그들은 배를 구조하기 위해 이성과 경험에서 습득한 온갖 인간적인 방법들을 시도한다. 일반적인 조건에서 그들의 행위는 정확한 것이지만 결과는 실패로 돌아간다. 선원들이 요나를 깨운다. 이것은 요나의 우월성을 인정해서가 아니라 그가 외면하는 현실에 대해 의식을 갖도록 강제하려는 것이다. "네 하나님께 구하라. 혹시 그가 우리를 생각하시리라." 세상은 자신이 필요할 때 하나님과 그리스도인을 시험에 붙인다.

요나가 자신의 책임과 죄를 인정할 때 놀라운 일들이 발생한다. 그는 자신이 문제라는 것을 수용한다. 자신의 불신앙 때문에 심판을 받고 생명을 잃는 것도 받아들인다. 따라서 그는 증인, 다시 말하면 순교자가 된다. 결론적으로 거기까지 가야만 한다. 교회가 세상의 모험 가운데서 자신의 역할을 받아들일 때, 교회는 세상을 지배하는 능력이나 선을 행하는 조직이 아니라 세상이 비극에서 벗어나도록 자신을 희생하는 순교자들의 어머니이다.

3. 하나님의 전략

하나님은 자신의 선택을 거부하고 도망한 요나를 어떻게 하실까? 하나님의 전략은 일방적 강제나 포기와 같은 단순한 방식이 아니라 무한하게 섬세하고 복잡하다. 그분은 먼저 존재하는 사물들이 움직이도록 내버려두신다. 선원들에 대한 요나의 연대의식이 강화되고 자신에 대한 고발로 시작되는 요나의 믿음이 움직이게 내버려두신다. 이를 통해 요나를 회피할 수 없는 딜레마 속으로 몰고 가신다. 요나는 사람들을 자신의 죽음 안으로 끌어들이거나 아니면 자신의 죄와 그 형벌을 수용하고 하나님의 뜻에 의탁하는 양자택일의 선택에 갇히게 된다. 하나님은 이 상황을 통해 요나가 알기도 행하기도 원치 않았던 것들과 다시 마주치게 하셨다. 그는 니느웨에 임할 저주가 무엇인지 알려고도 하지 않은 채 저주의 실현을 요구했지만 이제 그 저주의 무게를 안다. 또한, 그는 니느웨를 위한 구원의 전달자가 되길 거부했지만 이제 선원들을 위한 구원의 전달자가 되는 결정을 해야 한다. 결국, 하나님은 요나가 거부한 소명의 진행 과정 속으로 그를 되돌려 놓으신다. 이처럼 하나님은 인간의 자유를 존중하시지만 그럼에도 인간이 하나님의 계획 속에서 부여받은 역할을 다하게끔 행위 하신다. 하나님의 인내는 포기가 아니라 각 사람과 세상을 지탱하고 진보하게 하는 적극적인 능력이며 이 진보가 각 사람의 경험과 선택의 열매가 되도록 필요한 모든 시간을 그들에게 허용하는 능력이다.

4. 최초의 예언

"폭풍을 불러온 것이 바로 나라는 것을 내가 안다." 요나는 자신의 유죄선고를 수용하고 정죄하시는 하나님이 옳다고 인정한다.

이 말을 들은 선원들은 그들의 모든 죄책을 요나에게 떠넘긴다. 요나는 진실로 희생양의 역할을 담당한다. 그리고 그가 완수한 희생은 그들을 구원한다. 바다가 잠잠해진다. 이러한 것들은 요나서의 예언서적 성격을 분명히 밝힌다. 왜냐하면, 그것들을 완수한 것은 요나가 아니라 예수 그리스도이기 때문이다. 그는 자신을 향한 유죄선고를 전적으로 수용했고 자신을 정죄하신 하나님을 의롭다 인정했고 사람들을 죽음에서 이끌어냈다. 요나의 이야기가 역사적으로 사실이든 아니든 이러한 예언서적 성격은 결코 변할 수 없다. 물론 요나와 그리스도 사이에는 커다란 차이점들이 있다. 다윗이나 여호수아와 마찬가지로 요나도 예수 그리스도가 아니다. 그러나 그는 그리스도의 모형들의 계통 속에 포함된다.

2장 · 주께서 큰 물고기를 보내시다

1. 바다와 물고기

요나가 성난 바다 속으로 던져진다. 구약성서에 물은 모세의 홍해나 여호수아의 요단강처럼 언제나 삼킴과 죽음의 의미가 있다. 물속에 잠긴 요나가 찬미에서 사용한 "깊음", "산의 뿌리들", "땅의 빗장들", "내가 주의 목전에서 멀리 쫓겨났다"는 표현들도 같은 의미가 있다. 물속에 던져진 요나가 물고기에 의해 삼켜진다. 어떤 이들은 이것을 요나의 구원으로 해석하지만 강화된 죽음을 의미하는 것이다. 성서에서 바다 괴물은 구조자가 아니라 언제나 파괴자로 나타난다. 물고기의 개입은 요나에게 심판의 절정이고 사망증명서에 찍힌 도장이며, 영벌을 의미한다. 요나가 임종의 고통을 겪고 마침내 지옥에 도달한 것이다. 이것은 주관적인 지옥이 아니라 실제적인 지옥이다. 또한, 이것은 그가 찾았던 것이다. 왜냐하면, 그가 하나님이 계시지 않는 장소를 찾았기 때문이다.

2. 요나의 찬미

많은 주석가들이 2장의 시편의 가치에 대해 부정적인 입장을 취한다. 가장 심각한 비판은 그 내용에 대한 것이다. 물고기 뱃속에 있던 요나가 어떻게 구원을 요청하는 대신 하나님을 찬미할 수 있다는 말인가? 비판자들은 후대의 편집자가 원래의 요나 이야기에 적합한 시편을 삽입한 결과라고 주장한다. 그러나 이 시편은 내용상 적합하지 않다. 가상의 편집자가 이렇게 서투른 작업을 했다는 가정은 당시 유대교 랍비들이 도달했던 고도의 엄밀한 수준과 전혀 맞지 않는다. 이 시편이 가진 심오한 의미는 다음과 같다.

첫째 요나는 극심한 비참함 가운데서 진실로 하나님의 은혜의 영속성을 발견한 것이다. 그 은혜는 영원 전부터 하나님이 그에게 베푸신 것이지만 요나가 자신의 죄성을 자인할 때 깨달았다. 물론 증명하는 것은 아무것도 없다. 구원의 가장 작은 실마리조차 갖지 못했다. 하나님은 회심자에게도 시험과 정죄와 죽음을 절대 면제하지 않으신다. 그러나 하나님의 낯을 피해 도망가던 요나가 돌이켰다는 사실 자체가 하나님의 임재와 요나의 구원에 대한 강력한 증거이다. 하나님이 늘 그의 곁에 머무신다는 사실 외에 다른 모든 것은, 심지어 물고기 뱃속에 있다는 사실조차도 사소한 것일 뿐이다.

둘째 심연의 일은 히브리어의 완료시제이고 하나님의 일은 미완료시제이다. 사망과 지옥의 일은 과거의, 이미 성취된 일이며 미래가 없다. 사탄도 지옥도 더는 활동적이지 않다. 반대로 하나님의 일은 태초부터 시작되어 중단 없이 수행되고 발전한다. 모든 디래는 주님께 속한다. 심연과 주님 사이에는 어떠한 싸움도 있을 수 없고 후자는 전자를 무한히 초월한다. 비록 요나가 현재 사탄의 사역 속에 있다 하도 하나님의 사역은 여전히 그의 믿음과 소망의 대상이다.

셋째 그의 회심은 진정한 회심이다. 어떤 이는 곤경 중에 하나님을 찾는 것은 자기 이익을 위한 것이지 진정한 회심이 아니라고 주장한다. 그러나 모든 회심은 이해관계가 있다. 순수한 이상주의적 회심을 주장하는 것은 교만에 불과하다. 진정한 회심은 깨지고 상한 심령에서 고통의 심연에서 이루어진다. 하나님은 우리의 선한 감정들이 아니라 하나님 외에 다른 어떤 것도 의뢰할 수 없는 사람의 절망적인 호소에 응답하신다.

3. 두 번째 예언

물고기에 삼켜진 요나 이야기는 예수에 대한 두 번째 예언이며, 예수가 직접 자신에게 명시적으로 관련시킨 것이다. "악하고 음란한 세대가 표적을 요구하지만, 이 세대는 예언자 요나의 표적 밖에는 아무 표적도 받지 못할 것이다." 마 12:39 이 말씀은 우리에게 드 가지를 생각게 한다.

첫째는 요나의 표적이 갖는 예언적 성격이다. 그 이야기는 예수의 죽음과 매장과 부활을 직접적으로 예언하는 유일한 본문이기에 특별한 권위와 성별을 받는다. 이것은 요나의 표적이 사실이냐 아니냐와는 무관한 문제이다. 왜냐하면, 예언은 그 자체가 아니라 그 예언하는 바의 성취에 의해 실재성과 가치를 가지는 것이기 때문이다. 예언으로서 요나의 기적은 오직 예수의 부활 기적에 의해 실재적이며 옳은 것이 된다.

둘째는 예수가 요나의 표적이 이 악한 세대에 충분하다고 말한 의미이다. 인간은 언제나 기적들을 요구한다. 지나간 기적을 무가치하게 여기고 언제나 새로우라고 요구한다. 기적의 요구는 하나님을 시험하기 위한 요구이다. 이 세대는 기적을 요구하기에 정말로 악하고 음란하다. 그들이 하나님의 임재와 사랑이 아니라 기적을 요구하기에, 그들 자신이 하나님으로부터 멀리 있고 그분의 사랑과 결별한 것을 증명한다. 예수는 "조금 기다리면 내가 부활하는 것을 볼 것이다"라고 말하지 않았다. 예수의 부활은 요나 이야기보다 더 설득력이 있지 않다. 심지어 우리가 부활의 현장에 있었다 해도 그 사실 자체는 우리를 설득하기에 충분하지 않았을 것이다. 요나의 기적이 충분해야 한다. 예언적인 기적이 성취될 것임을 믿지 못한다면 어떤 기적도 더 큰 설득력이 있을 수 없다. 예수의 부활은 요나의 기적 이야기를 확증한 것과 같은 말씀에 의해 확증되고, 그것을 조명한 것과 같은 성령에 의해 조명된다.

3장 · 주님의 말씀이 요나에게 두 번째 임하다

1. 내 안의 두 사람

회심한 요나는 새롭게 태어났지만, 여전히 한낱 사람에 불과하다. 바울의 말과 같이 그 안에는 두 사람의 싸움이 있다. 요나는 순종 가운데서 여전히 불순종적이었고 그의 사명 가운데서도 죄인이었다.

니느웨에 가서 선포한 예언이 성취되지 않자 요나가 하나님께 화를 내기 시작한다. 하나님이 자비하셔서 니느웨를 심판하실 수 없기에 하나님의 명령이 처음부터 잘못된 것이라는 것을 자신은 알았었다고 주장하며, 자신을 정당화하기 위해 성서 본문을 인용한다. 하나님의 말씀을 하나님의 명령에 대립시킨 것이다. 광야에서 예수를 시험하던 사탄의 태도와 다를 바 없다.

요나의 논지는 하나님이 그분의 말씀에 대해 신실하지 않다는 것이다. 왜 자신의 입을 통해 말한 것을 지키지 않느냐고 항변한다. 그는 단지 자신의 희생과 신실성만을 알뿐, 하나님의 은혜와 신실하심은 이미 잊어버린 것이다. 하나님의 신실하심이 그가 생각하는 신실보다 훨씬 높다는 것을 알지 못한다. 하나님은 무엇보다 그분의 사랑에 대해 신실하시다. 그 사랑은 죄인들과 이방인들을 위한 것이기도 하다. 하나님이 요나에게 선포하게 하신 것은 니느웨를 구원하기 원하시는 하나님의 사랑의 신실성 때문이다. 이 구원에 도달하기 위해서 하나님은 모든 위험을 감수하시고 심지어 사람들의 조롱거리가 되시는 것도 용납하신다.

화가 난 요나는 그 도시를 빠져나와 동편의 초막에 앉는다. 그는 여전히 니느웨의 멸망을 기대하며 그 광경을 구경하려고 한 것이다. 하나님의 종에게 휴식이나 정착은 있을 수 없지만, 그는 자신이 이미 직무를 완수했다고 간주하기 때문에 정착한다. 그는 자신을 위해 초막을 짓고는 스스로 평화를 선물한다. 요나가 하나님의 자비하심에 대해 성을 낼 때, 니느웨 사람들의 처형을 요구할 때, 카인처럼 형제를 죽인 살인자가 된다.

하나님은 요나의 분노를 가라앉게 하시려고 박넝쿨을 그의 머리 위에까지 자라게 하셨다. 요나가 자신을 위해 만든 보호와 평화를 하나님의 보호와 평화로 대체해주신 것이다. 이 박넝쿨로 말미암아 크게 기뻐하던 요나는 그것이 사라지자 죽음을 원할 만큼 절망한다. 그는 모든 것을 의심한다. 원래부터 하나님의 개입이란 없었고, 자신이 겪은 영적 경험, 새로운 탄생, 약속된 부활은 모두 환상이고 착각이었다고 생각한다.

이것은 두 사람의 공존, 즉 새로운 탄생에도 육체적인 인간이 생존함을 나타낸다. 또한, 우리가 새로운 탄생의 지점에 머물거나 우리가 겪은 영적 경험들을 의존해서는 안 된다는 것을 가르쳐준다. 그러한 태도는 요나처럼 기쁨과 의심 사이를 왕복하게 할 뿐이다. 우리의 주관적인 경험 대신에 하나님께 의존할 때 모든 불확실성은 사라질 것이다.

2. 하나님의 인내

하나님의 모든 전략은 이중적인 의미에서 하나님의 인내로 수립된 것이다. 하나님은 사람이 설득되는 순간까지 인내하시고 포기하시지 않으시며, 또한 인간이 지은 죄를 사하고 형벌의 유예를 기꺼이 감내하신다. 물고기 뱃속으로부터 나온 요나에게 하나님은 처음과 똑같은 말씀을 전하신다. “일어나 니느웨로 가라 … 내가 네게 명한 것을 선포하라.” 하나님의 뜻은 변하지 않았다. 변화하는 상황 가운데서도 하나님은 변함없으시고 그분의 목적은 같다. 만일 하나님의 뜻이 변했다고 느낀다면 그것은 우리의 불완전한 주관성 때문이다.

하나님이 요나에게 자신의 명령을 새롭게 하신 것은 그가 하나님의 도구이기 때문이다. 하나님은 요나를 하나님의 동역자로 삼으신다. 하나님이 요나를 택하신 것은 그가 니느웨의 구원에 참여하길 원하시기 때문이다. 그에게 베풀어진 은혜는 결국 니느웨를 위한 것이다.

요나가 니느웨에 가서 선포한다. “앞으로 40일 후에 니느웨가 무너질 것이다." 성서에서 40이란 숫자는 두 가지 의미로 사용된다. 첫째는 대홍수 때 비가 내린 40일, 이스라엘 백성의 광야생활 40년, 예수가 받은 40일간의 시험이 그것이다. 이 숫자는 시험기간을 뜻한다. 이 기간 하나님은 자신의 진노를 유예하시고 인내하신다. 놀라운 것은 이 유예가 언제나 호의적인 해결책으로 귀착된다는 것이다. 둘째는 모세가 시내산에서 하나님과 함께 지낸 40일, 다윗과 솔로몬이 통치한 40년, 예수의 부활과 승천 사이의 40일이 그것이다. 이 숫자는 언약의 수립과 관련된다. 그것은 하나님의 나라가 이 땅 위에 세워지고 이 땅을 점령하는 시간을 나타낸다.

이 두 계열의 본문들은 상호보완적인 의미가 있다. 하나님이 니느웨에 부과하신 시험기간은 결국 하나님의 현존하는 왕권을 나타내는 것이다. 반대로 이 왕권은 그 자체가 니느웨의 선택을 요구하는 결정적 시험이다. 결국, 니느웨는 하나님 앞에 굴복하고 금식을 선포한다. 하나님이 니느웨를 손에 넣으시고 회개의 사십일 동안 진실로 주인 되신 것을 나타내신 것이다.

니느웨가 회개할 때 하나님이 뜻을 돌이키신다. "하나님이 그들에게 내리리라 말씀하신 재앙을 내리지 아니하시니라." 성서에서 하나님의 돌이키심은 인간의 그것과 완전히 구별된다. 첫째 하나님은 약속하셨던 악에서 돌이키실지언정 결코 선에서 돌이키시지 않는다. 둘째 단어도 다르다. 인간의 돌이킴이 태도와 존재의 변화를 뜻하는 슈브이지만, 하나님의 돌이키심은 내면의 고통을 뜻하는 나함이다. 의로우신 하나님은 죄인에 대해 오직 정죄하실 수만 있지만, 만일 그가 회개하면 하나님은 정죄한 것으로 말미암아 고통을 느끼신다. 그러나 그 정죄는 자동으로 철회될 수 없다. 고통받으시는 하나님은 그 형벌을 자신에게 돌리신다. 하나님의 정의 안에서 인간에게 부과해야 했던 바로 그 고통을 감수하신다.

3. 세 번째 예언

주석가들은 요나 이야기와 니느웨 이야기를 전혀 별개의 것으로 본다. 그러나 이 둘의 관계는 밀접하며 그로부터 세 번째 예언이 나타난다. 요나와 니느웨의 경험들은 완전히 평행적이다. 요나는 하나님께 불순종하고 정죄 받고 지옥에 들어가고 회개하고 은혜 때문에 구원받는다. 니느웨는 하나님께 거역하고 임박한 심판 앞에 놓이고 회개하고 은혜로 말미암아 용서받는다. 또한, 니느웨의 경험은 요나를 매개로 하여 일어난다. 실제로 그들 사이에는 운명공동체가 있다. 왜냐하면, 요나의 삶에 일어난 것은 결국 각 사람에게 일어난 것이기 때문이다. 둘 사이의 이러한 관계는 사실적이라기보다 예언적이다. 한 도시의 구원이 한 사람이 하나님 앞에 취할 태도에 달렸다는 것은 사실이 아니기 때문이다. 이 모든 것은 예수 그리스도에 대한 세 번째 예언을 나타낸다. 예수의 삶, 죽음, 부활과 그가 구원하러 온 모든 사람의 삶, 죽음, 부활 사이의 관계를 우리에게 나타낸다.

엘륄의 저서(연대기순) 및 연구서

· *Étude sur l'évolution et la nature juridique du Mancipium*. Bordeaux: Delmas, 1936.

· *Le fondement théologique du droit*. Neuchâtel: Delachaux & Niestlé, 1946.

→『자연법의 신학적 의미』, 강만원 옮김(대장간, 2013)

· *Présence au monde moderne: Problèmes de la civilisation post-chrétienne*. Geneva: Roulet, 1948.

→『세상 속의 그리스도인』, 박동열 옮김(대장간, 1992, 2010(불어완역))

· *Le Livre de Jonas*. Paris: Cahiers Bibliques de Foi et Vie, 1952.

→『요나의 심판과 구원』, 신기호 옮김(대장간, 2010)

· *L'homme et l'argent* (Nova et vetera). Neuchâtel: Delachaux & Niestlé, 1954.

→『하나님이냐 돈이냐』, 양명수 옮김(대장간, 1991, 2011)

· *La technique ou l'enjeu du siècle*. Paris: Armand Colin, 1954. Paris: Economica, 1990.

· (E)*The Technological Society*. New York: Knopf, 1964.

→『기술 또는 세기의 쟁점』(대장간 출간 예정)

· *Histoire des institutions*. Paris: Presses Universitaires de France, plusieurs éditions (dates données pour les premières éditions);. Tomes 1-2, L'Antiquité (1955); Tome 3, Le Moyen Age (1956); Tome 4, Les XVIe-XVIIIe siècle (1956); Tome 5, Le XIXe siècle (1789-1914) (1956).

→『제도의 역사』, (대장간, 출간 예정)

· *Propagandes*. Paris: A. Colin, 1962. Paris: Économica, 1990

→『선전』하태환 옮김(대장간, 2012)

· *Fausse présence au monde moderne*. Paris: Les Bergers et Les Mages, 1963.

→ (대장간 출간 예정)

· *Le vouloir et le faire: Recherches éthiques pour les chrétiens*: Introduction (première partie). Geneva: Labor et Fides, 1964.

→『원함과 행함』, 김치수 옮김(대장간 2018)

· *L'illusion politique*. Paris: Robert Laffont, 1965. Rev. ed.: Paris: Librairie Générale Française, 1977.

→『정치적 착각』, 하태환 옮김(대장간, 2011)

· *Exégèse des nouveaux lieux communs*. Paris: Calmann-Lévy, 1966. Paris: La Table

Ronde, 1994.
→(대장간, 출간 예정)
· *Politique de Dieu, politiques de l'homme*. Paris: Éditions Universitaires, 1966.
→『하나님의 정치와 인간의 정치』, 김은경 옮김(대장간, 2012)
· *Histoire de la propagande*. Paris: Presses Universitaires de France, 1967, 1976.
→『선전의 역사』(대장간, 출간 예정)
· *Métamorphose du bourgeois*. Paris: Calmann-Lévy, 1967. Paris: La Table Ronde, 1998.
→『부르주아와 변신』(대장간, 출간 예정)
· *Autopsie de la révolution*. Paris: Calmann-Lévy, 1969.
→『혁명의 해부』, 황종대 옮김(대장간, 2013)
· *Contre les violents*. Paris: Centurion, 1972.
→『폭력에 맞서』, 이창헌 옮김(대장간, 2012)
· *Sans feu ni lieu: Signification biblique de la Grande Ville*. Paris: Gallimard, 1975.
→『머리 둘 곳 없던 예수-대도시의 성서적 의미』, 황종대 옮김(대장간, 2013).
· *L'impossible prière*. Paris: Centurion, 1971, 1977.
→『우리의 기도』, 김치수 옮김(대장간, 2015)
· *Jeunesse délinquante: Une expérience en province*. Avec Yves Charrier. Paris: Mercure de France, 1971.
· *De la révolution aux révoltes*. Paris: Calmann-Lévy, 1972.
→『혁명에서 반란으로』, (대장간, 2019)
· *L'espérance oubliée, Paris*: Gallimard, 1972.
→『잊혀진 소망』, 이상민 옮김(대장간, 2009)
· *Éthique de la liberté*,. 2 vols. Geneva: Labor et Fides, I:1973, II:1974.
→『자유의 윤리1, 2』, 김치수 옮김(대장간, 2018)
· *Les nouveaux possédés*, Paris: Arthème Fayard, 1973.
· (E)*The New Demons*. New York: Seabury, 1975. London: Mowbrays, 1975.
→ 『우리시대의 새로운 악령들』(대장간, 출간 예정)
· *L'Apocalypse: Architecture en mouvement*, Paris. Desclée 1975.
· (E)*Apocalypse: The Book of Revelation*. New York: Seabury, 1977.
→『요한계시록』(대장간, 출간 예정)
· *Trahison de l'Occident*. Paris: Calmann-Lévy, 1975.
· (E)*The Betrayal of the West*. New York: Seabury,1978.
→『서구의 배반』, (대장간, 출간 예정)
· *Le système technicien*. Paris: Calmann-Lévy, 1977.
→『기술 체계』, 이상민 옮김(대장간, 2013)
· *L'idéologie marxiste chrétienne*. Paris: Centurion, 1979.
→『기독교와 마르크스주의』, 곽노경 옮김(대장간, 2011)

· *L'empire du non-sens: L'art et la société technicienne*. Paris: Press Universitaires de France, 1980.
→『무의미의 제국』, 하태환 옮김(대장간, 2013년 출간)
· *La foi au prix du doute: "Encore quarante jours.."*. Paris: Hachette, 1980.
→『의심을 거친 믿음』, 임형권 옮김 (대장간, 2013)
· *La Parole humiliée*. Paris: Seuil, 1981.
→『굴욕당한 말』, 박동열 이상민 공역(대장간, 2014년)
· *Changer de révolution: L'inéluctable prolétariat*. Paris: Seuil, 1982.
→『인간을 위한 혁명』, 하태환 옮김(대장간, 2012)
· *Les combats de la liberté*. (Tome 3, L' Ethique de la Liberté) Geneva: Labor et Fides, 1984. Paris: Centurion, 1984.
→『자유의 투쟁』(솔로몬, 2009)
· *La subversion du christianisme*. Paris: Seuil, 1984, 1994. [réédition en 2001, La Table Ronde]
→『뒤틀려진 기독교』,박동열 이상민 옮김(대장간, 1990 초판, 2012년 불어 완역판 출간)
· *Conférence sur l'Apocalypse de Jean*. Nantes: AREFPPI, 1985.
· *Un chrétien pour Israël*. Monaco: Éditions du Rocher, 1986.
→『이스라엘을 위한 그리스도인』(대장간, 출간 예정)
· *Ce que je crois*. Paris: Grasset and Fasquelle, 1987.
→『개인과 역사와 하나님』, 김치수 옮김(대장간. 2015)
· *La raison d'être: Méditation sur l'Ecclésiaste*. Paris: Seuil, 1987
→『존재의 이유』(대장간. 2016)
· *Anarchie et christianisme*. Lyon: Atelier de Création Libertaire, 1988. Paris: La Table Ronde, 1998
→『무정부주의와 기독교』, 이창헌 옮김(대장간, 2011)
· *Le bluff technologique*. Paris: Hachette, 1988.
· (E)*The Technological Bluff*. Grand Rapids: Eerdmans, 1990.
→『기술담론의 허세』(대장간, 출간 예정)
· *Ce Dieu injuste..?: Théologie chrétienne pour le peuple d'Israël*. Paris: Arléa, 1991, 1999.
→『하나님은 불의한가?』, 이상민 옮김(대장간, 2010)
· *Si tu es le Fils de Dieu: Souffrances et tentations de Jésus*. Paris: Centurion, 1991.
→『네가 하나님의 아들이라면』, 김은경 옮김(대장간, 2010)
· *Déviances et déviants dans notre societé intolérante*. Toulouse: Érés, 1992.
· *Silences: Poèmes*. Bordeaux: Opales, 1995. → (대장간, 출간 예정)
· *Oratorio: Les quatre cavaliers de l'Apocalypse*. Bordeaux: Opales, 1997.
· (E)*Sources and Trajectories: Eight Early Articles by Jacques Ellul that Set the Stage*. Grand Rapids: Eerdmans, 1997.

· *Islam et judéo-christianisme*. Paris: Presses universitaires de France, 2004.
→『이슬람과 기독교』, 이상민 옮김(대장간, 2009)
· *La pensée marxiste*: Cours professé à l' Institut d' études politiques de Bordeaux de 1947 à 1979 Edited by Michel Hourcade, Jean-Pierre Jézéuel and Gérard Paul. Paris: La Table Ronde, 2003.
→『마르크스 사상』, 안성헌 옮김(대장간, 2013)
· *Les successeurs de Marx*: Cours professé à l' Institut d' études politiques de Bordeaux Edited by Michel Hourcade, Jean-Pierre Jézéquel and Gérard Paul. Paris: La Table Ronde, 2007.
→『마르크스의 후계자』 안성헌 옮김(대장간,2014)

기타 연구서

·『세계적으로 사고하고 지역적으로 행동하라』(*Perspectives on Our Age: Jacques Ellul Speaks on His Life and Work*), 빌렘 반더버그, 김재현, 신광은 옮김(대장간, 1995, 2010)
·『자끄 엘륄 -대화의 사상』(Jacques Ellul, *une pensée en dialogue*. Genève), 프레데릭 호농(Frédéric Rognon)저, 임형권 옮김(대장간, 2011)
·『자끄 엘륄입문』신광은 저(대장간, 2010)
· *A temps et à contretemps: Entretiens avec Madeleine Garrigou-Lagrange*. Paris: Centurion, 1981.
· *In Season, Out of Season: An Introduction to the Thought of Jacques Ellul:* Interviews by Madeleine Garrigou-Lagrange. Trans. Lani K. Niles. San Francisco: Harper and Row, 1982.
· *L'homme à lui-même: Correspondance*. Avec Didier Nordon. Paris: Félin, 1992.
· *Entretiens avec Jacques Ellul*. Patrick Chastenet. Paris: Table Ronde, 1994

대장간 **자끄 엘륄 총서**는 중역(영어번역)으로 인한 오류를 가능한 줄이려고, 프랑스어에서 직접 번역을 하거나, 영역을 하더라도 원서 대조 감수를 원칙으로 하고 있습니다.
이 일은 한국자끄엘륄협회(회장 박동열)의 협력으로 이루어지고 있으며, 총서를 통해서 엘륄의 사상이 굴절되거나 왜곡되지 않고 그의 삶처럼 철저하고 급진적으로 전해지길 바라는 마음 가득합니다.